KB070732

프랑스혁명에서 독일 통일까지

청소년을 위한 민주주의 여행

유영근 지음

프랑스 혁명에서 독일 통일까지

청소년을 위한 민주주의 여행

유영근 지음

웅진지식하우스

사랑하는 아내에게

추천사

민주주의의 근원을 찾아 – 청소년에게 꼭 필요한 교양

최근 프랑스에 갔을 때 일이다. 콩코르드광장에서 한국가족을 보았다. 아버지가 무거운 배낭을 메고 앞서고, 그 뒤로 어머니가 화난 표정으로, 아이들은 휴대폰에 푹 빠져 걷고 있었다. 어머니는 아이들에게 힘들게 여기까지 왔는데 휴대폰만 보냐며 짜증을 냈고, 아이들은 도대체 왜 왔는지 모르겠다는 식으로 계속 하던 행동을 했다. 어쩌면 전형적인 한국 가족의 모습일 수 있다. 우리는 앞만 보고 달려와서 정작 근원을 간과하고 있다는 생각이 들었다. 만약 콩코르드광장이 프랑스혁명 당시 단두대가 있던 곳임을 알았더라면, 프랑스혁명이 우리가 향유하고 있는 민주주의의 뿌리임을 알았더라면 아이들의 눈은 분명히 달라졌을 것이다.

최근 한국 사회는 민주주의라는 화두로 큰 진통을 겪고 있다. 민주주의는 왜 중요한가? 진정한 민주주의를 이루려면 어떻게 해야 하는가? 이 문제에 대한 해답의 실마리는 오늘날 민주주의의 근원인 프랑스, 영국, 독일의 역사에서 찾을 수 있을 것이다.

이런 맥락에서 이 책의 가치는 무궁무진하다. 실제로 자기 아이들과 여러 차례 유럽의 역사적 현장을 찾아다니면서 토론하고 배운 것을 정리한 이 책은, 근대 민주주의의 뿌리부터 파고 들어가 그 본질이 무엇인지를 새롭게 일깨운다. 오늘날 우리가 아는 민주주의의 처음 모습은 어땠는지, 그

참된 가치를 잃어버렸을 땐 어떤 일이 벌어지는지, 유럽 역사를 통해서 이만큼 다채로우면서도 흥미롭게 그려낸 책을 나는 이제껏 본 적이 없다.

내가 몸담고 있는 로스쿨(법학전문대학원)에서 가르치는 법률 뒤에도, 신문을 수놓는 기사와 뉴스 속에도, 우리가 학교와 직장에서 내리는 여러 결정 속에도 민주주의는 살아 숨 쉬고 있다. 민주주의는 단지 하나의 이데올로기가 아니라, 세계 시민으로서 살아가기 위한 필수 교양이자 생활양식임을 역사는 증명하고 있다. 또한 그것은 그냥 얻어지는 것이 아니라 사람들의 희생으로 얻어진 것임을 이 책은 웅변하고 있다.

민주주의의 근원이 무엇이고, 어떻게 성장하여 오늘날의 모습이 되었는지 아이들에게 가르쳐주기 힘들었던 일선 교사나 학부모들께도 소중한 책이 되리라 확신한다. 무엇보다 민주주의의 근원에 대한 자각은 청소년에게 꼭 필요한 교양이다. 세계사를 익히고, 면접과 논술을 준비하는 학생들에게는 그 무엇보다 든든한 무기가 되리라 생각한다. 이 책에서 인용하고 있는 아래의 명문장 하나만으로 이 책의 가치를 느끼기에 충분하다. 일독을 권한다.

"아직도 부숴야 할 장벽은 많다(Es gilt viele Mauern abzu bauen)."

서울대 법학전문대학원 교수 이계정

프롤로그

이 책을 읽는 청소년들에게

제가 여러분 나이였을 때 프랑스, 영국, 독일 같은 나라는 주로 영화를 통해 접하는 낭만적인 곳이었습니다. 사랑하는 사람의 손을 잡고 세련된 샹젤리제 거리를 거닐고 고풍스러운 타워브리지를 건너는 장면을 꿈꾸곤 했습니다. 삼십 대 중반에 이르러 1년 가까이 영국에서 해외 연수를 할 기회가 생겨 그 꿈을 이룰 수 있었습니다. 유럽의 여행지들은 모든 곳이 특별했습니다. 서너 살에 불과했던 딸들은 신데렐라와 해리포터의 성을 찾아다녔고, 아내와 저는 연이어 나타나는 세계적인 유적들에 감탄을 금치 못했습니다. 비록 유모차를 끌기에 바빠 다소 낭만과 거리가 있긴 했지만, 그래도 늘 '가족과 함께 이곳에 다시 오게 해주세요'라고 기도할 만큼 행복했습니다.

하지만 역사와 사회과학에 다소나마 관심이 있던 사람으로서 유럽의 아름다운 유적들을 낭만적인 시선으로만 바라볼 수는 없었습니다. 하늘 높이 솟은 성당과 화려한 궁전에는 민중의 피땀과 처절한 권력투쟁의 역사가 서려 있었고, 군중이 모이는 광장과 거리에는 혁명의 함성과 살육의 흔적이 숨어 있었습니다. 어린아이들에게 그런 것들을 설명하기는 어려웠고, 좀 더 자란 후에 다시 데려오겠다는 계획만을 세우기 시작했습니다.

청소년기가 된 아이들과 함께 예전의 추억을 더듬으면서 주요 역사의 현장을 위주로 다시 찾아가보았습니다. 함께 많은 대화를 나눌 수 있었고, 장래 아나운서가 되기를 꿈꾸는 큰딸과 미술가를 지망하는 작은딸은 뜻밖에 날카로운 질문을 쏟아내기도 했습니다. 책에는 아이들과 나누었던 여러 가지 이야기 중에서 특히 사회학을 전공한 판사 아빠가 해줄 수 있는 특징 있는 대화를 간추리다 보니 사회과학적 쟁점 중 무거운 주제들이 대부분 포함되었습니다. 제 생각에는 청소년들이 민주시민으로 자라기 위해 마땅히 배워야 할 내용들인데 학교에서 깊이 있게 다루지 않는 부분인 것 같습니다. 가족이 함께하는 유럽 여행은 접하기 꺼려할 수 있는 무거운 주제들을 친숙하게 풀어가는 좋은 기회가 되었고, 저와 아이들의 공통된 의견은 애초에 생각했던 것보다 훨씬 더 재미있는 여정이었다는 것입니다.

이 책은 저의 오랜 꿈의 실현이기도 합니다. 청소년기에 네루가 옥중에서 딸에게 쓴 편지 형식의 『세계사 편력』이라는 책을 읽은 적이 있습니다. 그것을 읽고 자란 인디라 간디는 아버지의 뒤를 이어 인도의 첫 여성 총리가 되었습니다. 책 내용도 다분히 지도자를 위한 교재였습니다. 대학 시절 제도권에서 통용되지 않는 책을 포함한 꽤 많은 사회과학 서적을 접했습니다. 사고의 폭을 넓혀준 것은 분명하지만 과연 그런 책들이 편향되지 않고 검증된 이론을 제시하는 것인지 의문스러울 때가 많았습니다. 그 당시 막연히 마음먹기를, 장차 내 아이가 청소년기가 될 무렵 특별한 사람이 아닌 시민사회의 일원으로서 꼭 갖추어야 할 소양을 직접 일러주겠다, 객관성을 의심받지 않을 만한 지위에서 검증된 이론을 균형감 있게 풀어보겠다는 생각을 해왔습니다. 오랜 준비 끝에 그런 구상을 실행에 옮겼습니다. 책은 저와 아이들이 10여 일에 걸쳐 프랑스, 영국, 독일의 주요 유적을 답사하면서 대화를 나누는 형식입니다. 그러나 사실 여러 해에 걸쳐 작성한 것으로 3~4년간 그런 과정을 거치면서 아이들이 질문하거나 저의 대답을 이해하는 수준이 놀랍게 성장하는 것을 느낄 수 있었습니다. 여러분과 이런 귀중한 경험을 나누고 싶습니다.

사회생활을 할수록 느끼는 것이 가까운 사람의 소중함입니다. 동료가 잘되는 것이 나에게도 도움이 되고, 주변 사람이 어려워지면 나에게 바로 피해가 옵니다. 내 삶을 결정하는 십중팔구는 내가 속한 사회와 환경이고, 나 혼자의 성패는 상대적으로 작은 영향을 미칠 뿐입니다. 하지만 우리는 그런 현실을 알지 못하거나 너무 늦게 배웁니다. 여러분을 대학입시를 위한 경쟁으로만 내몰다 보니 같은 학교에서 비슷한 진로를 선택한 가까운 친구들이 가장 큰 적으로 인식되는 현상이 생기고 있습니다. 이것은 분명히 잘못된 제도와 현실입니다. 가치관이 형성되는 시기에 사랑과 우정과 동료의식을 먼저 체험해야 하고, 전체주의가 잘못되었듯이 개인주의 또한 옳지 않다는 것을 배워야 합니다. 책의 사례들을 보면 커다란 역사적 소용돌이 안에서 개인이 차지하는 역할과 한계를 분명히 깨달을 수 있고, 공동체의 운명이 얼마나 중요한지 알 수 있을 것입니다.

여러분이 이 책을 통하여 우선 세계의 역사를 바꾼 중요한 사건들이 일어난 유럽의 주요 장소와 유적들을 생생히 느낄 수 있었으면 좋겠습니다. 그리고 오늘날 당연하다고 여기는 민주적인 제도와 보편타당한 가치가 소중하게 쟁취한 것임을 되새기고, 갈등과 분열을 극복하고 좋은 국가와 바람직한 사회를 만드는 것이 중요하다는 것을 인식했으면 합니다.

책의 출판을 결정하고 까다로운 편집 작업을 매끄럽게 마쳐주신 웅진씽크빅의 김정현 단행본사업본부장님과 신동해 편집주간님, 신나래 편집자님의 능력과 손성희, 권민지 디자이너의 감각에 찬사를 보냅니다. 청소년에 대한 민주시민교육의 중요성을 강조해 집필을 독려해주신 보인중고등학교 김석한 이사장님께 존경의 말씀을 올리고, 학부모 입장에서 의견을 제시하고 예리한 지적도 해주신 서울남부지방법원 민사단독 판사님들께 감사드립니다. 끝으로 나의 가족, 책의 실질적인 공동저자인 혜경, 지승, 현승에게 뜨거운 사랑을 전합니다.

2019년 1월에 유영근

차례

3장 누구를 위한 혁명과 전쟁인가요?

2부 왕국의 민주주의 영국을 이해하다

4장 왕이 이혼하기 위해 종교개혁을 했다고요?

5장 왕이 있는 민주주의국가, 법이 없는 법치국가가 있어요?

8장 2차대전이 역사상 최악의 비극이라고요?

9장 분단을 극복하고 다시 통일을 했다고요?

1부

혁명의 나라 프랑스를 느끼다

베르사유궁전에서

왕은 왜 권력을 잃었나요?

베르사유궁전에서

왕궁은 권력의 상징이다. 베르사유궁전은 프랑스 절대왕정의 상징이자, 웅장한 외양에 화려한 내부 장식을 자랑하는 바로크양식의 대표적인 건물이다. 애초에 파리 근교 시골 마을이었던 베르사유에 왕의 사냥용 별장으로 소박하게 지었던 것을 루이 14세가 화려하게 증축하고 1682년에 루브르에서 이곳으로 거처를 옮기면서 왕궁이 되었다. 파리 귀족들의 권력을 누르고 절대왕정을 확립하려는 루이 14세의 의도에 따라 많은 귀족들 역시 베르사유로 이주해 프랑스 부르봉왕조의 정치적 중심지가 된 곳이다.

당대 최고의 예술가와 장인들의 역량이 아낌없이 발휘된 호화로운 건축물과 수준 높은 예술품, 그리고 광대하게 조성된 정원은 지금 봐도 대단하다. 그 무렵 유럽의 다른 왕조들에서도 이를 모방해 궁전을 화려하게 짓는 게 유행이 되었을 정도다. 그러나 1789년 프랑스혁명이 일어나고 루이 16세가 군중들의 요구로 파리로 가면서 왕궁으로서의 지위를 상실했다. 이후 몇 차례 왕정이 복고되고 황제가 즉위하기도 했지만 다시 공식적인 궁전으로 사용하지는 않았다.

궁전 내 벽과 천장이 거울로 이루어진 '거울의 방'은 역사적으로 아이러니한 장소다. 프랑스가 프로이센과의 전쟁에서 패한 후 1871년, 프로이센의 빌헬름 1세가 이곳에서 독일 황제로 즉위하는 수모를 당했다. 제1차 세계대전이 끝난 1919년에는 프랑스를 비롯한 연합국들이 독일에게 굴욕적인 강화조건을 내세워 되갚은 '베르사유조약'이 체결된 곳이기도 하다.

절대왕정이 화려하게 꽃피었다가 몰락한 이곳은 현재 박물관으로, 연간 300만 명 이상이 방문하는, 이른바 관광객에게 점령당한 곳이 되었다. 아이들은 궁전에 가면 공주나 왕자가 등장하는 디즈니 만화 같은 이야기가 있을 것이라고 기대한다. 그러나 대부분의 왕궁에는 권력투쟁의 역사나 비극적인 죽음의 흔적이 남아 있는 경우가 많아 매번 실망하곤 한다. 이곳에 담긴 엄청난 이야기를 듣게 된다면 아이들은 무엇을 느낄까.

베르사유궁전 내 거울의 방

왕은 왜 권력을 잃었나요?

권력, 질서를 지키는 힘

딸 아빠, 베르사유궁전은 정말 멋져요. 유럽에 있는 성이나 궁전 중에 제일 크고 화려한 것 같아요. 마리 앙투아네트가 정말 여기 살았어요?

아빠 맞아. 마리 앙투아네트를 아는구나?

딸 루이 16세의 왕비잖아요. 『베르사유의 장미』 만화책에서 읽었어요. 나중에 프랑스혁명이 일어나고 사형당해요. 단두대에 목이 잘려서…….

아빠 이 궁전은 겉으로는 화려해 보이지만, 아주 슬픈 역사를 간직한 곳이기도 하지. 아빠도 순정만화의 대명사인 『베르사유의 장미』를 본 적이 있단다.

딸 주인공 오스칼이 남장을 하고 마리 앙투아네트의 호위장교가 되었다가 나중에 프랑스혁명 때 시민들 편에 가담해요. 오스칼이 멋졌고 사랑 이야기도 재미있었어요. 그런데 국민들이 자기 나라 왕과 왕비를 죽일 수도 있어요?

아빠 반란을 일으켜 이전의 왕을 죽이거나 전쟁에서 이긴 쪽이 다른 나라 왕을 죽이는 경우는 있었지만, 자기 나라 국민들이 왕을 죽이고 스스로 정치를 하겠다고 나선 것은 획기적인 일이지. 프랑스혁명이 세계사에서 매우 중요한 이유는 이 때문이지.

딸 왕은 대대로 나라를 다스려 온 임금님이잖아요. 그런데 마음에 안 든다고 국민들이 죽여도 돼요?

아빠 국민이 왕을 죽여서는 안 된다고 생각하는구나. 그럼 왕은 국민을 죽여도 될까?

딸 왕이 국민을 죽이는 경우는 많잖아요. 엄청 나쁜 짓을 한 사람을 벌하기 위해 그렇게 하고요. 영화에서 보면 왕한테 말 한마디 잘못했다고, 반란을 일으켰다고 죽이기도 하잖아요. 가끔은 거짓으로 죄를 뒤집어씌우고 모함해서 죽이는 경우도 있던걸요.

아빠 나쁜 짓을 한 사람은 왕이 죽이거나 감옥에 가둘 수 있다고 생각해왔지. 그런데 다른 사람에게는 그럴 수 있는 권한이 없는데, 왕에게는 왜 권한이 있을까?

딸 왕은 나라에서 제일 높은 사람이고, 나라의 질서를 지키기 위해 그렇게 할 수 있다고 생각해요.

아빠 그게 국가의 권력이야. 전통적으로 국가는 국민들을 죽이고 살릴 권한까지 행사했고, 대부분의 사람들도 그 점이 국가가 다른 사회와 다르다고 생각했어. 그리고 국가의 권력은 보통 왕이 가진다고 생각했기 때문에 왕이 아주 나쁜 사람, 그러니까 흉악한 범죄자를 죽이는 일은 나라의 질서를 지키는 길이라고 여겼지.

권력을 행사하는 자, 왕

딸 아빠가 말하는 권력이라는 게 도대체 뭐예요?

아빠 아빠가 생각하기에 권력이란 '남을 내 뜻대로 할 수 있도록 공적으로 주어진 힘'이야. 특히 다른 사람이 하기 싫어하는 것을 하게 만들거나, 강제력을 동원해서라도 남에게 자기 뜻을 관철시킬 수 있는 권한을 뜻하지. 사람이 모이는 곳에는 늘 권력관계가 존재한다고 할 수 있어. 전통적으로 대표적인 권력이자 가장 강한 권력은 국가권력이나 정치권력이었어.

딸 권력이 무척 중요하네요?

아빠 사람이 여럿 있으면 질서와 규율이 필요하지. 개인적으로는 하고 싶지 않은 일을 해야 하는 경우도 많거든. 권력은 사회의 질서를 유지하고 다른 사람의 이익을 위해 희생하게 만드는 힘이야. 그러니까 권력은 어느 사회에나 꼭 필요하고, 누가 그 권력을 행사하는지는 무척 중요해.

딸 그런 권력을 예전 국가에서는 왕이 행사했다는 거죠?

아빠 맞아. 그런데 한 가지 짚고 넘어갈 게 있단다. 네가 영화에서 봤다고 한, 죽어야 할 만큼 나쁜 짓을 하지 않은 사람도 왕이 죽이는 경우가 있었잖니. 그건 잘못된 게 아닐까?

딸 잘못되긴 했지만 모두들 왕이 무서우니까 아무 말도 하지 못했어요.

아빠 과거에 왕의 권력은 그렇게 막강했어. 왕의 권력은 하늘에서 신이 준다고 주장하던 시절이 있었어. '태양왕'으로 불린 루이 14세가 대표적이야. 당시에는 주로 기독교를 믿었는데, 유일신 하나님이 잘못할 리는 없으니까 왕의 결정도 항상 옳다는 것이었어.

국민이 분노하다

딸 왕이 설령 잘못했다고 하더라도 국민이 왕을 죽이는 것은 상상조차 할 수 없었겠는데요?

| 프랑스대혁명 시기에 국민들의 타도 대상이 된 루이 16세 |

아빠 그런데 말이다. 신이 왕에게 권력을 준다는 말을 국민들이 믿었을까?

딸 실제로 믿는 국민들은 많지 않았을 것 같아요. 그냥 믿는 척했을 것 같아요.

아빠 너도 그렇게 보는구나. 최근까지도 많은 독재자들이 자신이 신인 것처럼 스스로 우상화했지만 믿는 사람들은 거의 없었을 거야. 세상의 모든 권리에는 의무가 따르는 법이다. 왕은 가장 큰 권력을 누리고 궁전에서 멋진 생활을 하는 대신 막중한 의무가 있어. 바로 국민을 먹여 살리고, 적과 위험으로부터 국민을 보호할 의무지.

딸 그런데 프랑스의 왕은 의무를 다하지 못했나요?

아빠 권력은 엄중하고, 자신이 감당할 수 있는 능력만큼만 주어지지. 동서고금을 막론하고 민심을 얻어야 천하를 얻고, 민심을 잃으면 왕의 자리도 잃기 마련이라고 했단다. 그런데 프랑스혁명이 일어난 루이 16세 시절, 프랑스 국민들은 빵을 먹기도 어려울 만큼 가난했어. 국민들은 자신들의 삶을 궁핍하게 만든 왕을 더 이상 신뢰하지 않았지.

딸 나라가 살기 어려워지면서 결국 혁명이 일어났군요?

아빠 학자들에 따르면, 혁명의 이유가 꼭 가난 때문만은 아니라고 해. 널리 퍼진 어떤 억울함이 있어야 하고, 그걸 촉발하는 계기가 있어야 하거든. 당시 왕실과 귀족들만 계속 화려한 생활을 하고 향락을 즐겼어. 자연히 국민들은 그들을 미워했지. 때마침 계몽사상이 일반인들에게까지 확산되어 더 이상 왕이 나라를 다스리는 것을 당연시하지 않게 되었어. 그러던 중 혁명을 촉발시키는 몇 가지 우연한 사건들이 일어난 거야.

딸 프랑스가 땅도 넓고 기름져서 농사짓기 좋다고 들었어요. 그런데도 먹을 게 없을 만큼 가난했어요?

아빠 다른 나라보다 환경적으로 유리한 프랑스가 잘살아야 하는 게 맞아. 당시 프랑스는 식민지도 많아서 착취해오는 것도 꽤 있었어. 그런데도 국민들은 가난했고, 나라의 빚이 너무 많아서

재정을 꾸려갈 수 없는 지경에 이르렀으니 왕이 정치를 잘못한 게 분명하지.

딸 왕이 어떻게 정치를 잘못했어요?

아빠 역사적 자료들을 보면 1700년대 들어 프랑스는 경제적으로 엄청난 발전을 했어. 그런데도 경제적 혜택이 국민들에게 골고루 배분되지 못했지. 국민에게 부과되는 세금은 계속 높아졌고, 18세기 내내 물가상승률은 임금 상승률을 훨씬 앞질렀어. 부는 일부 귀족이나 부자들에게만 편중되고, 대다수 사람들의 삶의 조건은 오히려 열악해진 거야. 무엇보다도 무모하게 벌인 전쟁이 결정적인 원인이었어.

딸 전쟁에 져서 국민들이 가난해졌다고요?

아빠 프랑스는 혁명이 일어나기 100여 년 전인 루이 14세 시절부터 툭하면 주변 국가와 전쟁을 벌였어. 이기기라도 하면 그나마 낫지만, 주로 영국과 대항한 전쟁에서 대부분 졌고 식민지도 빼앗기는 경우가 많았어. 루이 16세는 미국독립전쟁(1775~1783년)에서 영국을 누르기 위해 국가예산 4년 치와 맞먹는 거액을 쏟아 부어 미국을 도왔어. 미국이 승리해 영국에게 보복한 셈이지만, 결과적으로 프랑스에겐 그다지 도움이 되지 않았고 빚더미에만 앉았을 뿐이야.

왕과 왕비의 잘못은 무엇일까

딸 그럼 살기 어려워진 게 꼭 루이 16세의 잘못만은 아니잖아요?

아빠 꼭 한 사람만의 잘못은 아니지. 여러 요인이 겹쳐 18세기 중반까지 활황을 구가하던 경제는 루이 16세가 왕이 되던 1770년대 무렵부터 쇠퇴기에 접어들었어. 공교롭게도 1787년과 1788년의 심한 흉년은 빵 가격을 끔찍하게 올려놓았어. 프랑스인들의 주식이었던 빵은 1789년 7월에 최고가를 기록했어. 먹고살 것이 부족해지자 민심이 흉흉했지. 국가재정이 바닥나니 왕은 어떻게든 세금만 더 거두려고 할 뿐 가난한 국민들을 구제할 수 없었어.

딸 그런 것을 모두 루이 16세의 책임으로 돌리는 것은 그가 좀 억울하지 않아요? 만화책에서 보면, 루이 16세는 우유부단하고 무능하긴 했지만, 이전의 왕들과 달리 성실하고, 착하고, 신앙심도 깊던데…….

아빠 세상 모든 이해관계 대립과 갈등의 종착지는 결국 정치란다. 그래서 역사적으로 정치적 책임은 법적 책임보다 훨씬 엄중했어. 루이 16세의 직접적인 책임이 어느 정도 될지 논란의 여지는 있겠지. 하지만 세상이 바뀌었고, 루이 16세는 국민들이 타도해야 할 대상인 앙시앵레짐의 가장 대표적이자 상징적 인물이 되고 말았어. 이처럼 사람에 대한 평가는 개인적 인성보다 정치적, 사회적 측면에서 어떤 영향을 미쳤는지에 따라 좌우되는 면이 크단다.

딸 마리 앙투아네트도 다이아몬드 목걸이 사건처럼 억울한 누명을 쓰기도 했어요. 그런데 국민들이 오스트리아 출신이라고 유난히 미워했어요.

아빠 사실 그건 나쁜 여자가 왕비로 가장하고 추기경을 속여 지금으로 치면 100억 원 가까이 되는 목걸이를 가로챈 사기 행각이었어. 의혹도 많고 불명확한 점도 많지만, 분명한 건 나라가 온통 엉망진창이고 지배계층이 썩어 있다는 게 만천하에 알려진 사건이라는 점이야. 공교롭게도 논란의 중심에는 왕비가 있었어. 국민들의 감정을 극도로 자극시켰고, 프랑스혁명의 중요한 원인 중 하나로 다이아몬드 목걸이 사건을 드는 사람도 있어. 하지만 이 사건만 놓고 보면 마리 앙투아네트 입장에서는 많이 억울하지.

딸 그런데 다른 나라 공주를 데려와 왕비로 삼아놓고, 이렇게 미워하고 누명까지 씌우면 불쌍하잖아요. 왕비는 죄도 없는데 미움을 받고 죽은 게 아닌가요?

아빠 꼭 그렇진 않아. 마리 앙투아네트는 오스트리아 여황제 마리아 테레지아의 막내딸이었는데 14살 때 왕세손이었던 루이 16세와 결혼하면서 프랑스로 왔어. 자주 싸우던 프랑스와 오스

| 프랑스혁명 때 루이 16세와 마리 앙투아네트가 국외 탈출을 시도한 바렌도주사건 |

트리아가 화해의 상징으로 두 사람을 결혼시킨 것이고, 이를 반기는 사람들이 많았다고 해. 그런데 나라 경제가 점점 어려워지면서 왕비가 구설에 올랐어. 시절이 어려운데 왕비는 늘 그래왔던 것처럼 화사했고, 그런 왕비가 가난한 국민들 입장에서는 자신들과는 너무 달라 보였어. 행동 하나하나가 모두 얄미워 보였던 셈이야.

딸 그렇다고 죽여야 할 만큼 나쁜 짓을 한 건 아니잖아요?

아빠 결정적인 사건이 있었어. 일명 '바렌도주사건'이야. 혁명이 일어난 후 1791년 6월 20일 왕과 왕비가 국경을 넘다가 붙잡혔어. 이후 왕비는 오스트리아 황제에게 프랑스에 군대를 보내 도와달라고 요청하는가 하면, 주변국들이 전쟁을 걸어왔는데 적국에 군사기밀을 유출했다고 볼 만한 정황들이 밝혀지기도 했어. 국민들의 분노를 사기에 충분했지.

혁명은 안 일어날 수 있었을까

딸 왕과 왕비가 행동을 잘했으면 혁명도 안 일어나고, 죽지도 않았을까요?

아빠 역사에서 '만약에'라는 가정처럼 부질없는 것은 없다고 하지. 그러나 많은 역사가들은 당시 프랑스 국민 2,000만 명 중에 1,900만 명이 굶주렸던 비참한 삶을 고려한다면, 혁명 자체는 피할 수 없었을 것이라고 해. 그러나 루이 16세가 상황을 잘 파악하고 현명하게 대응했더라면 적어도 죽지는 않았을 것이고, 왕정도 유지되었을 가능성이 크다고 말하지.

딸 혁명이 일어났는데 왕을 계속할 수도 있어요?

아빠 혁명 초기에는 다수의 국민들이 영국에서 100여 년 전에 이루어진 것처럼 헌법을 만들고 의회를 두는 입헌군주제를 원했을 뿐 왕정 자체를 폐지하자는 목소리는 높지 않았어. 하지만 루이 16세는 자꾸 상황을 혁명 이전으로 되돌리려 하고, 국민을 배신하는 행동을 일삼았어. 결국 혁명을 과격하게 이끌어가는 빌미가 되었지.

딸 혁명이 일어나 죽을 수도 있는데 도망가려는 건 이해되는데…….

아빠 나라와 운명을 함께해야 할 왕이 곤경에 처했다고 외국으로 도망가 외세의 도움으로 권력을 되찾으려 한다는 건 국민들이 용서할 수 없는 일이지. 특히 오스트리아를 비롯한 주변국들이 혁명정부에 대항해 전쟁을 걸어왔고, 공공연히 루이 16세를 구하고 프랑스의 왕정을 복고시키겠다고 했어. 혁명 세력 입장에서 왕을 살려두기는 쉽지 않았겠지.

딸 옛날에는 권력을 잃은 왕은 죽였어요?

아빠 그런 경우가 대부분이었어. 모든 권력을 왕이 독점해 평생 누리고 자식에게 물려주던 시절이니까 기존의 권력을 부정해야만 새로운 권력이 탄생할 수 있었어. 새로운 권력자가 자신의 권력에 위협이 되는 기존 권력자를 살려두는 경우는 많지 않았어. 루이 16세는 죽을 때 "짐은 죄 없이 죽는다. 그대들을 용서한다"라고 말했대. 하지만 국민들 중 그가 죄 없이 죽는다고 생각하는 사람은 많지 않았고, 국민을 용서할 권한도 이미 그에게는 없었지.

평범한 사람들의 피와 눈물

딸 왕이 죽은 후에는 누가 권력을 차지했어요?

아빠 왕을 살려두지 않은 것은 그때까지 정치를 잘못한 책임을 루이 16세에게 지우는 것임과 동시에 구체제로 결코 복귀하지 않겠다는 국민의 의지를 선언한 거야. 기존에 왕이 행사하던 국가의 주권을 국민이 행사하겠다는 취지고, 역사가들은 프랑스혁명 같은 시민혁명을 통해서 국민주권의 원리가 현실적으로 구체화되기 시작했다고 한다.

딸 사회 교과서에서 국민주권에 대해 읽은 적 있어요.

아빠 우리나라 헌법 제1조 제2항에도 '대한민국의 주권은 국민에게 있고, 모든 권력은 국민으로부터 나온다'라고 되어 있단다.

딸 '주권'이 무슨 뜻이에요?

아빠 국가의 의사를 결정하는 최고의 권력을 말해. 국가가 의사를 결정할 때 대외적으로 어떠한 세력으로부터 제한을 받지 않고(대외적 독립), 대내적으로 어떤 권력보다도 우위에 있는 것이야(대내적 최고 권력). 오늘날 문명국가에서 국가의 주권이 국민에게 있다는 것은 상식 중의 상식이지. 외부에서 독재자로 평가받는 많은 권력자들마저도 우리나라는 민주주의국가고, 자신은 국민을 위해 봉사한다고 말하곤 하지.

딸 옛날에 왕들도 국민을 위해 봉사한다고 하지 않았어요?

| 국민들의 분노를 사고 만 마리 앙투아네트 |

아빠　아니야. 왕은 백성을 다스린다고 말했어. 봉사라는 말은 주로 신하가 왕에게 썼지. 왕은 어버이와 같이 백성을 사랑하고 보살핀다고만 했지. 왕이 국민을 위해 존재한다는 것은 근대 이후에나 등장한 개념이고, 형식상 군주국가에 불과한 민주국가에서 요즘 들어 주로 쓰는 말이야.

딸　아아, 맞아요. 드라마 속 왕들은 '내 나라'라고 하지 '우리나라'라고 하지 않아요.

아빠　주권이란 개념도 원래는 중세 봉건사회에서 벗어나 중앙집권적인 근대국가를 확립하면서 왕들이 주장했던 거야. 주변 국가나 교황으로부터 영향을 받지 않고 자기 나라 안에서 봉건 영주나 귀족 등 누구보다 우위에서 국가의사를 결정할 권한이 있다고 선언하는 취지였어. 그런데 프랑스혁명 같은 피나는 투쟁 과정을 거치면서 국왕이 갖는다고 여겼던 국가의 최고 권력이 국민들에게 있다는 점을 확인하고 국민주권의 원리를 실제로 구현해온 거야.

딸 국민주권이나 민주주의가 원래 주어진 당연한 권리가 아니었네요?

아빠 그렇지. 지금은 당연하다고 여기는 모든 정치적, 사회적 권리가 사실은 어마어마한 피를 흘리며 인류가 쌓아 온 것들이라는 사실을 잊지 말아야 한다. "자유의 나무는 애국자와 폭군의 피를 먹고 자란다"고 미국의 정치가 토머스 제퍼슨은 말했어. 루이 16세의 죽음 이면에는 수많은 평범한 사람들의 피와 눈물과 죽음이 있고, 이걸 깨닫는 게 역사와 사회과학 공부의 시작이란다.

오늘날 권력을 행사하는 방식

딸 그런데 지금도 어느 나라에나 권력을 행사하는 사람들이 있잖아요?

아빠 오늘날 민주국가에서 행사하는 권력은 옛날에 왕이 휘두르던 권력과는 많이 달라. '국민주권'이란 국가권력의 정당성이 국민에게 있고, 모든 통치 권력의 행사는 최종적으로 국민의 의사에 따라야 한다는 거야. 하지만 매번 국민이 뜻을 모아 권력을 행사하는 건 불가능하기 때문에 국가를 실질적으로 다스리는 통치권을 누군가에게 맡겨야겠지.

딸 국민이 권력을 맡길 사람을 정하나요?

아빠 옛날에는 왕이 아랫사람에게 나눠 주었던 권력을 이제는 국민이 헌법과 법률로 정해서 일정한 자격을 갖춘 사람이나 선거에서 당선된 사람에게 행사하게 하는 거야. 법에서 정해진 절차에 따라 엄격하게 한계를 정해 그 테두리 내에서 행사하도록 하지. 이걸 '법치주의'라고 해. 그리고 국민이 주권자이기 때문에 권력을 맡은 사람은 국민에게 책임을 지고, 국민의 신뢰를 잃으면 다른 사람으로 대체되지.

딸 국민 주권국가에서는 권력을 맡은 사람이 잘못하면 어떻게 책임을 묻는 거예요? 지금은 예전처럼 권력을 잃었다고 죽이지는 않잖아요?

아빠 권력을 행사하는 동안 위법행위를 했다면 법적 절차에 따라 재판을 받아 합당한 처벌을 받아야지. 이건 법적인 책임이야. 그리고 중요한 권력을 맡을 사람들을 선거로 뽑잖아. 정치를 잘하면 선거를 통해 그 사람이나 속한 정당에게 다시 권력을 맡을 기회를 주고, 그렇지 않으면 다른 사람이나 정당을 선택해 권력을 맡기지. 이건 정치적 책임을 묻는 것이라고 할 수 있어. 하지만 경우에 따라 선거 때까지 기다리지 않고 임기 중에 물러나게 하는 절차도 마련해놓았어.

딸 탄핵을 말하는 거죠? 최근에 우리나라에서는 대통령을 탄핵하기도 했잖아요?

아빠 그렇지, 대통령이나 국무총리, 장관, 법관과 같은 중요한 공직을 맡은 사람이 중대한 잘못을 한 경우 임기 중에 물러나게 하는 절차를 헌법에 마련했는데, 이를 탄핵제도라고 해. 물론 이렇게 공직에서 물러나게 하는 것과는 별도로 범죄에 해당하는 행위를 했다면 형사처벌도 받아야지. 실제로 탄핵 이후 대통령과 관련자들이 구속까지 되어 재판을 받았잖아.

딸 탄핵은 구체적으로 어떤 때에 하나요?

아빠 우리나라는 대통령의 경우 직무집행을 하면서 헌법이나 법률에 위반되는 행위를 했을 때 국회에서 재적의원 2/3 이상이 찬성하면 탄핵을 소추할 수 있어. 이후에는 헌법재판소에서 심판하는데, 재판관 9명 중 6명 이상이 찬성하면 대통령을 임기 중에 파면하는 것이야(헌법 제65조, 111조, 113조).

딸 우리나라에서는 대통령을 왜 탄핵하게 된 거예요?

아빠 헌법재판소의 결정에 따르면, 대통령이 자신의 측근에게 지속적으로 국가기밀을 누설하고, 공직자가 아닌 그의 의견을 반영해 정책을 결정하고 인사에도 개입시키고, 기업들로부터 돈을 모아 재단 등을 설립해 그에게 운영하게 해서 주로 사익을 추구하도록 했다는 이유였어. 재판관 전원일치로 대통령의 행위가 헌법과 법률에 위배된다고 판단했어. 그리고 위반의 정도가 매우 중하고, 사태 이후 헌법 수호의 의지조차 보이지 않기 때문에 파면이 정당하다고 했어(헌법재판소 2017년 3월 10일 선고. 2016헌나1 결정).

투명하고 공정한 결정

딸 역사책을 보면 성공한 지도자의 주변에는 훌륭한 신하들이 있잖아요. 그리고 우리도 중요한 결정을 할 때 주위 사람에게 물어보고요. 근데 대통령이 친한 사람에게 물어보고 도움을 받아 결정한 게 왜 잘못이죠?

아빠 대통령이 국가의 중대사를 결정할 때 지혜로운 사람들의 의견을 듣고 도움을 받는 것은 권장할 만한 일이지. 그런데 이번 사태는 대통령이 의존한 사람이 그만큼 지혜롭거나 존경받을 만한 사람도 아니었고, 공적인 절차에 따라 발탁된 사람도 아니었어. 사적으로 영향력을 행사하는 측근이 사리사욕을 추구한 정황이 많이 드러났기 때문에 국민들이 분노한 거야.

딸 대통령이 사적인 이익을 추구했다면 잘못이지만, 자기 나름대로 판단해서 옳다고 생각하는 결정을 했어도 그걸 비난할 수 있어요?

아빠 공적인 정책 결정은 결과도 중요하지만 절차 자체가 투명하고 공정해야 해. 특히 대통령이 하는 중요한 정책 결정은 단지 어떤 것이 옳고 그른 경우는 많지 않아. 입장과 견해가 다르고 나름대로 타당성이 있는 여럿 중 어느 하나를 택해야 하는 경우가 많아. 그래서 중요한 정책일수록 공식적인 절차에 따라 견해가 다른 의견을 고루 듣고, 어떠한 이유로 이런 결정을 내렸다고 밝히는 게 무척 중요해.

딸 대통령이 하는 결정 중 옳고 그른 게 많지 않다는 말이 무슨 뜻이죠?

아빠 옳고 그름이 명백한 일이라면 대통령 선까지 올라가지 않아도 이전 단계에서 충분히 판단이 가능하잖아. 대통령은 이해관계가 첨예하게 얽힌 사안, 어느 한쪽이 옳다 그르다 쉽사리 판단할 수 없는 상황에서 최종적인 결론을 내려야 하는 경우가 많아. 국가의 미래를 염두에 두고 결단해야지. 대통령이 그런 중대한 결정을 하면서 공적인 의견수렴 절차를 거치지 않고 소수의 측근에 의존해 판단하는 것은 설령 능력이 검증된 사람을 활용한다고 해도 매우 위험한 일이야. 필연적으로 어느 한쪽으로 편향되기 때문이야.

딸 자신과 가까운 사람을 비서나 장관직에 둬 함께 일할 수도 있잖아요?

아빠 공직에 오를 사람을 뽑을 때도 마찬가지야. 단지 대통령이 함께 일하기 편한 사람만을 채용하는 것은 옳지 않아. 각기 장점이 있는 여럿 중에서 한 사람을 골라 중요한 일을 맡기는 건 단지 일을 잘할 사람을 뽑는다는 것 이상의 의미가 있어. 국민과 미래세대에게 어떠한 경력과 인품을 갖춘 이에게 중요한 일을 할 기회를 준다는 교육효과도 크기 때문이야. 그런데 이번 사태와 같이 투명하고 공정한 시스템이 작동하지 않은 채 비선에 의존하게 되면 공정한 경쟁도 정확한 검증도 모두 이루어지지 않아.

딸 드라마나 소설에서는 권력이 비밀스럽게 행사되는 경우가 많던걸요.

아빠 대체로 정의롭지 못한 결정이 내려질 때 그렇지 않았니? 민주주의국가에서 권력은 비밀스럽게 행사되지 않고 공식적인 절차에 의해야 하고, 그런 절차가 대부분 법으로 정해져 있어. 비선이나 측근에 의존해 비밀스럽게 행사되는 권력은 그 자체로 위법한 경우가 많고 역사적으로도 늘 부정부패로 연결되곤 했단다.

국민의 이름으로

딸　투명하고 공정한 정책결정을 하면서도 지혜로운 사람의 의견을 들을 수는 있잖아요?

아빠　그렇지. 재판을 예로 들어보자. 원고와 피고가 각기 자신이 옳다고 주장하고 있어. 판사는 법정이라는 열린 공간에서 당사자가 하는 말을 듣고, 상대방의 주장을 반박할 기회를 주지. 객관적인 증거도 제출받아 살펴보고 제3자의 증언도 들어본 후, 각자에게 최종 의견진술 기회를 준 다음 깊이 숙고해서 판결을 선고해. 투명하고 공정한 결정의 기본 형태지. 판사가 고민이 될 때는 가족이나 동료 판사, 전문가 등의 의견을 물어봐서 도움을 받을 순 있어. 여기까지는 바람직한 의사결정이야. 그런데 판사가 법정에서 제출되지 않은 증거를 따로 받는다든지 법정 밖에서 어느 한쪽의 말을 사적으로 전달받는 것은 매우 부도덕하고 위법한 행동이야. 결론이 객관적인 사실과 일치하든 그렇지 않든 그 자체로 옳지 않은 결정이야.

딸　재판도 일종의 권력을 행사하는 거네요?

아빠　그렇지. 재판으로 죄인을 감옥에 보내기도 하고 누구에게 돈을 주라고 명하기도 하니깐 대단한 권력을 행사하는 거지. 우리나라 국민들은 재판을 할 권한을 법관에게 맡기기로 의견을 모았어. 그래서 헌법에 '사법권은 법관으로 구성된 법원에 속한다(제101조 제1항)'라고 명시했어. 재판을 하는 방법도 헌법에서 '법관은 헌법과 법률에 의하여 그 양심에 따라 독립하여 심판한다(제103조)'라고 밝히고 있어. 판결을 법의 테두리 내에서 법률적 양심에 따라 할 뿐 나의 독특한 생각이나 가치관에 따라 임의로 해서는 안 된다는 뜻이야.

딸 판사들은 어떻게 그런 권력을 갖게 되는 거예요?

아빠 역시 헌법으로 정해놓았어. '법관의 자격은 법률로 정한다(제101조 제3항)'고 한 후, 법관이 되기 위한 요건을 구체적으로 정했어. 열심히 공부해서 그 조건을 갖추고 국가시험에 선발되어야 법관이 될 수 있어. 우리나라의 모든 권력은 국민으로부터 나오는 것이니 법관 역시 행사하는 모든 권한이 국민으로부터 나온다는 점은 이제 이해할 수 있겠지? 독일은 모든 판결문의 맨 앞에 '국민의 이름으로(IM NAMEN DES VOLKES)'라고 써서 문장을 시작한단다.

딸 베르사유궁전이 멋지고 화려한 줄만 알았는데, 이렇게 사연이 많은 줄 몰랐어요.

아빠 여행을 하다 보면 늘 이렇게 역사의 현장에 서게 된단다. 영국의 역사학자 E. H 카는 '역사는 현재와 과거 사이의 끝없는 대화'라고 했어. 그리고 아는 만큼 보이고 보이는 만큼 느낀다고 했는데, 정말 그러하구나.

딸 맞아요. 같은 장소에 있어도 역사적 배경을 아는 것과 그렇지 않은 것에는 큰 차이가 있어요.

아빠 아빠도 프랑스혁명으로 인한 루이 16세와 마리 앙투아네트의 죽음과 우리나라에서 탄핵으로 인한 대통령의 파면을 비교해보면 세상이 참 많이 달라졌다는 생각이 든다.

딸 어떻게요?

아빠 예전에는 권력자가 잘못했을 때 그를 몰아내기 위해 수많은 사람들이 피를 흘렸지. 그런데 지금은 평화롭게 법적인 절차에 따라 물러나게 하고 잘못한 만큼 처벌받게 하잖아. 민주주의와 법치주의의 힘이야. 이렇게 되기까지 선조들의 희생이 있었지. 그리고 법적으로 국민주권과 적법절차가 규정된 후에도 그것이 실질적으로 실현되기까지는 또다시 피나는 투쟁의 과정이 필요했어. 우리나라도 마찬가지였어. 아빠가 어렸을 적만 해도 민주화를 위해 자신을 희생한 사람들이 많았어. 지난 탄핵 사태에서 유혈 충돌 없이 평화롭게 대통령을 임기 중에 물러나게 하는 것을 보면서 격세지감을 느꼈단다.

딸 당연하다고 여겼던 민주주의, 국민주권, 법치주의의 소중함을 이제 알 것 같아요.

아빠 그걸 깨닫다니 기쁘다. 아빠도 너희와 함께 여행하면서 이렇게 깊은 대화를 나눌 수 있어서 즐겁구나.

바스티유와 콩코르드광장에서

국가가 사람을 죽여도 되나요?

바스티유와 콩코르드광장에서

7월 14일 혁명기념일은 프랑스 최대 국경일이다. 1789년 시민들의 바스티유 감옥 습격에서 유래된 날이기 때문에 '바스티유 데이'라고 불리기도 한다. 그날 에펠탑을 배경으로 펼쳐지는 화려한 불꽃놀이는 오늘날 프랑스의 상징이 되었다. 파리 시민들의 바스티유 점령은 자유, 평등, 우애의 정신을 세계에 전파한 프랑스대혁명의 시작으로 간주된다.

함락 즉시 건물은 해체되었다. 현재 그 자리에는 바스티유 광장과 혁명 200주년을 기념하는 오페라 바스티유가 있다. 예전 성채의 일부를 표기하는 선이 남아 있고, 중앙에는 1830년 파리에서 일어난 7월 부르주아혁명을 기념하는 조형물이 있다.

개선문 방향에서는 샹젤리제 거리를 따라 동쪽으로 걷다 보면 파리에서 가장 넓은 콩코르드광장이 나타난다. 당시 '혁명 광장'이라 불린 이곳에서 루이 16세와 마리 앙투아네트 뿐만 아니라 혁명의 주역이었던 조르주 당통, 카미유 데물렝, 생쥐스트, 로베스피에르마저 단두대의 이슬로 사라졌다.

1793년 4월부터 1794년 6월까지 로베스피에르의 공포정치 시절 14개월 동안 전국에서 약 17,000명이 처형되었고, 이곳에서만 1,300명 이상 목숨을 잃은 무시무시한 곳이다. 광풍이 지나간 후 화합과 일치를 뜻하는 '콩코르드'라는 이름을 붙였고, 지금은 1833년에 이집트에서 들여온 오벨리스크가 높이 솟아 있다.

광장의 분수대와 한시적으로 운영되는 원형의 대관람차는 평화롭기 그지없고 시민들의 일상은 한없이 자유롭다. 하지만 200여 년 전 이곳에서 벌어진 일들을 상상할 수밖에 없는 여행객의 마음은 섬뜩하기만 하다. 아이들마저도 국가가 사람을 죽이는 오늘날의 세상에 대해 진지한 고민을 하게 된다.

콩코르드광장

국가가 사람을 죽여도 되나요?

콩코르드광장에 단두대가 있었다고요?

아빠 여기가 파리에서 제일 큰 콩코르드광장이야. 저기 분수대가 있는 자리에 예전에 뭐가 있었는지 아니?

딸 유명한 게 있었나 보죠?

아빠 그 유명한 단두대, 기요틴이 있었던 자리란다.

딸 너무 무서워요. 옛날에는 왜 굳이 광장에서 단두대 같은 끔찍한 도구로 사람을 죽였어요?

아빠 사형을 공개적으로 집행하면 일반인들에게 정의감을 실현시켜 주고, 죄를 짓지 말아야 한다는 경각심을 줄 수 있다고 한다. 그런 이유로 지금도 공개적으로 사형을 집행하는 나라들이 있어. 단두대는 프랑스혁명 이후부터 사용되었어. 원래 죄인을 처형할 때 귀족은 참수형, 평민은 교수형으로 했는데, 혁명 이후 참수형으로 통일했고, 여러 번 내리치지 않아도 되는 고통이 덜한 방법으로 고안했다고 해. 그런데 본래 의도와는 달리 어마어마한 두려움의 대상이자 혁명기 공포정치의 상징처럼 되었지.

딸 혁명이 일어나면 꼭 그렇게 많은 사람을 죽여야 해요?

아빠 대부분 혁명과 반혁명 세력 사이에 격렬한 대립이 있기 때문에 피를 흘리지 않고 혁명이 이루어지는 경우는 드물어. 프랑스혁명 역시 예외가 아니었지. 특히 공포정치 시대에 많은 사람을 죽인 일은 로베스피에르나 생쥐스트처럼 애초에 순수한 열정을 가진 혁명가들이 정치적 목적을 위해 얼마나 잔인해질 수 있는지를 보여준 예라고도 볼 수 있어.

바스티유감옥 습격으로부터 시작된 혁명

딸 혁명 중에서 프랑스혁명이 가장 유명하잖아요. 이유가 뭐예요?

아빠 보통 1789년 바스티유 습격에서부터 1799년 나폴레옹의 집권 이전까지를 프랑스혁명이라고 해. 정치적으로 혁명의 의미가 가장 전형적이고 극적으로 표출되었기 때문이야. 그 유래 없는 변화와 엄청난 영향력 때문에 '대혁명'이라고 부르지. 많은 학자들이 주로 프랑스혁명을 보고 근대적인 혁명의 개념이나 특징에 관해 이론구성을 했다고 한다.

딸 감옥을 습격하는 것부터 혁명이 시작됐다고요?

아빠 바스티유는 원래 프랑스어로 '성채' 내지 '요새'를 뜻하는 보통명사지만, 이 사건 이후 파리의 바스티유 감옥을 가리키는 고유명사가 되었어. 애초에는 1337년부터 1453년까지 영국과 벌인 백년전쟁 당시 파리동부 외곽과 궁전을 방어하는 요새였어. 루이 13세 때 감옥으로 만들었고, 주로 정치범이 투옥되었어.

딸 정치범들을 석방시키기 위해 감옥을 습격한 건가요?

아빠 그건 아니야. 루이 16세가 재정문제를 타개하기 위해 1789년 신분제 의회인 삼부회를 소집한 데서부터 시작됐어. 그런데 이전과 달리 삼부회가 왕의 뜻대로 움직이지 않았고, 평민들에 일부 성직자와 귀족까지 합세해 자꾸 힘을 키워갔어. 대표들이 '국민의회'를 선포하고, 헌법을 만들겠다는 '테니스코트의서약'도 하고, '국민제헌의회'도 만들었어. 정치의 주도권이 왕에서 국회와 국민의 손으로 급속히 넘어간 거야. 하지만 루이 16세는 시대를 거꾸로 되돌리려는 욕심으로 국경에 주둔하던 군대를 파리와 베르사유 주변으로 불러들이고, 국민들에게 우호적이었던 재무총감 네케르를 파면했어. 그 소식이 퍼지면서부터 시민들이 본격적으로 봉기에 나서게 된 거야.

| 바스티유 감옥 습격은 프랑스대혁명의 시작으로 간주된다 |

딸　그런데 왜 하필 감옥부터 공격했어요?

아빠　먼저 파리 시민들은 원성이 자자하던 통행세 징수국을 공격하고 앵발리드에 있는 무기창고를 습격했어. 거기서 총과 대포를 손에 넣고 바스티유로 쳐들어갔지. 저항하는 군인들도 공격하는 시민들도 수십 명씩 죽었고 결국 군인들이 항복했어. 시민들은 양심수들이 있을 것이라는 생각에 바스티유 감옥의 문을 열었어. 그런데 감옥 안에는 억울한 정치범은 한 명도 없었다고 해.

딸　아니, 감옥을 습격해서 죄 없는 군인들을 죽이고, 무기를 빼앗고, 양심수도 아닌 죄인들을 풀어준 게 어떻게 높은 평가를 받을 수 있죠?

아빠 혁명이란 기본적으로 기존의 체제를 완전히 뒤집는 것이기 때문에 평상시의 사회질서나 법치주의로는 해석하기 어려운 면들이 많아. 물론 무고할 수 있는 수비대 사람들을 잔인하게 죽인 것이나 질 나쁜 죄인들을 풀어준 것 등 비판받을 구석이 없는 것은 아니지. 하지만 이 사건에서 촉발되어 이어지는 프랑스혁명이라는 어마어마한 역사의 흐름에서 지엽적인 부분이고, 실제로 바스티유 함락 과정에서 일어난 해프닝으로 알려져 있어. 구체제를 유지하고자 하는 왕과 귀족 세력에 저항하여 시민들이 최초로 승리했고, 그 저항과 승리의 가치를 높이 평가하기 때문에 기존의 권위와 질서를 가지고 잘잘못을 따지는 것은 크게 의미가 없다고 생각하는 것 같구나.

왜 폭동이 아니라 혁명이라고 부를까

딸 혁명이라는 것이 원래 무슨 뜻이에요?

아빠 일반적으로 갑작스럽게 일어나는 커다란 변화를 가리켜. 사회나 정치 체제의 변화를 의미하는 경우가 일반적이지만, 경제나 문화, 사상 등 어느 분야든 급격한 변화를 흔히 혁명이라고 하지. 보통 정치 영역에서 혁명은 기존 정권에 반대하는 대중적인 사회운동을 통해 새로운 권력을 수립하고 그것이 사회의 모든 영역에 확산된단다.

딸 　바스티유 습격이 보통 말하는 폭동과 어떤 차이가 있어요? 폭동과 혁명은 다른 건가요?

아빠 　바스티유 습격은 언뜻 단순한 폭동과 별다른 차이가 없어 보이지만 역사적으로 중요하게 평가받을 분명한 이유가 있어. 절대 권력을 무너뜨리는 상징적인 사건이라는 점, 이후 시민들이 혁명을 이끌어가는 주요 세력이 된다는 점, 그리고 실제로 사회 체제와 제도의 변화를 가져왔다는 점 때문이야. 귀족들의 특권 폐지와 농민들의 봉건제 폐지부터 시작되어 왕을 폐위시키고 국민의 대표가 정치를 하는 공화정을 수립하기에 이르렀어. 그리고 인권선언으로 대표되는 혁명의 정신이 사회의 전 영역으로 확산되었고, 국경을 넘어 전 유럽으로 퍼지게 되었으니까 전형적인 의미의 혁명이라고 할 수 있지.

딸 　혁명이 일어난 후에는 누가 어떻게 정치를 했어요?

아빠 　사실 나폴레옹이 나타나기까지 10년 정도 정치적으로 극심한 혼란을 겪었어. 하지만 그 자체로 민주주의가 발전하는 과정이었고, 혁명기 동안 특히 군대를 중심으로 프랑스의 국력이 한 단계 올라선 시기라는 평가도 받아. 일단 의회가 정치의 중심 세력이 되었어. 혁명 직후에 소집된 국민제헌의회는 당시 의장석에서 볼 때 오른쪽에 왕당파가 앉고 왼쪽에 공화파가 앉았는데,

우익과 좌익이라는 말은 이때 생겼어.

딸 좌파, 우파는 지금도 많이 쓰는 단어잖아요?

아빠 그렇지. 보통은 보수적이거나 온건한 쪽을 우익 또는 우파, 급진적이거나 과격한 세력을 좌익 또는 좌파라고 부르지. 어쨌거나 이 시기의 혁명은 미라보를 중심으로 한 입헌군주제를 지지하는 온건파가 주도했어. 시민군은 귀족 출신 자유주의자 라파예트를 총사령관에 임명했고, 1790년에는 그의 제안에 따라 삼색기를 혁명 깃발로 삼았는데 현재의 프랑스기가 되었어. 그런데 온건파 미라보가 갑자기 죽고, 이에 위협을 느낀 루이 16세가 1791년 6월에 외국으로 도망가려 하다 국경에서 붙잡히는 사건이 발생했어. 그해 9월 제한선거와 입헌군주제를 골자로 한 새로운 헌법이 제정되었는데, 오스트리아와 프로이센이 혁명의 파급을 견제해 왕을 폐위하면 전쟁을 일으키겠다고 했기 때문에 왕의 지위는 유지시킨 것이야.

딸 하지만 결국은 왕을 죽였잖아요?

아빠 혁명이 과격화되고 민중들이 근본적인 것을 요구하는 방향으로 바뀌었어. 여러 가지 요인들이 있지만 우선 1792년 프로이센과 오스트리아는 혁명에 반대한다는 이유로 대프랑스동맹을 맺었고, 혁명정부는 이에 대항해 혁명전쟁을 시작했어. 혁명정신과 민족주의가 확산되면서 의용군들이 모였는데, 당시 마르세유에서 온 의용군들이 부른 노래가 지금의 프랑스 국가가 된 '라마르세예즈'야.

딸 저도 프랑스 국가를 들어봤어요. 그런데 가사를 보고 놀랐어요. 어떻게 그렇게 과격하고 무서운 말들을 쓸 수 있는지…….

아빠 표현들이 섬뜩하지만, 노래가 만들어진 배경이 전쟁터였어. 절박한 상황의 행진곡이라는 점을 감안한다면 이해되는 부분이지. 다른 나라 국가들도 실제로 군대나 혁명 당시 부르던 행진곡들이 많단다. 그만큼 피나는 투쟁으로 세운 나라라는 점을 후대에 인식시키는 의미가 있는 거야. 그런데 의용군이 많이 몰려들고 전쟁에 승리하면서 의용병으로 참가한 많은 하층민 계급의 정치적 발언권이 급속히 커졌어.

딸 주변국에서 프랑스혁명을 반대해 전쟁을 일으키다가 오히려 혁명세력을 키우고 과격하게 만들었다는 뜻이에요?

아빠 그런 셈이야. 그리고 상퀼로트라고 불리는 평민 출신들이 중요한 정치세력이 되었어. 의회에서도 로베스피에르, 마라, 당통 같은 급진 자코뱅파가 주도권을 잡았어. 상퀼로트는 파리 시청을 장악하고 '파리코뮌'이라는 자치기구를 만들기도 했어. 마침내 1792년 8월 10일 왕궁을 침입해 의회에서 왕을 폐위시키고 감옥에 가두기까지 했어. 제한선거를 했던 입법의회는 해산되었고, 9월 보통선거를 통해 국민공회가 소집되었어. 보통선거는 재산이나 소득에 상관없이 모든 남자에게 선거권이 주어지는 것이니깐 혁명적인 변화지. 국민공회는 곧바로 공화정을 선포했어. 이것이 프랑스의 제1공화국이야.

딸 짧은 시간에 놀라운 사건들이 연이어졌군요. 공화국이면 이제 왕이 없잖아요. 누가 지도자가 되나요?

아빠 공교롭게도 1792년 11월에 국왕이 적국과 주고받은 편지가 발견되었고, 국왕을 처형하는 것을 놓고 격론을 벌였어. 왕의 처형을 소리 높여 주장한 사람이 로베스피에르였어. 결국 처형에 찬성하는 사람이 많아 루이 16세는 1793년 1월에 처형되었어. 그 와중에 온건파인 지롱드파와 급진파인 자코뱅 산악파가 대립했어. 지롱드파는 유산계급을 옹호하고 군중의 지배를 두려워했고, 높은 물가와 식량 부족에도 성의를 보이지 않았어. 그러다 파리코뮌을 이끄는 상퀼로트들이 의회에 들이닥쳐 지롱드파를 제명했어. 이렇게 해서 하층민의 지지를 받은 자코뱅파가 권력을 장악하게 된 거야.

그들이 혁명한 이유

딸 의회 안에 무장한 상퀼로트들이 들이닥쳐 지롱드파를 제명한 게 정상적인 의회정치는 아니잖아요?

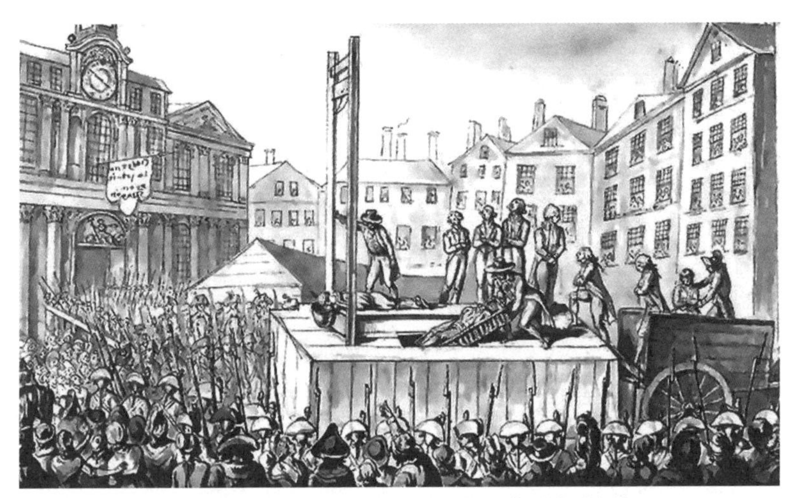

| 공포정치 기간 동안 혁명 광장에서는 1,300명 이상 목숨을 잃었다 |

아빠 쿠데타에 가까운 일이었어. 어쨌거나 그걸 계기로 자코뱅당이 권력을 잡았어. 공안위원회를 설치해 독재체제로 나아가고, 로베스피에르가 지도자가 되었어. 이후 나라 안팎의 모든 반혁명 세력에 강력하게 대처한다는 명분을 내세워 가혹한 통치를 했어. 이를 '공포정치'라고 부른다.

딸 공포정치라는 말은 많이 들어본 것 같아요.

아빠 그때 비롯되어 지금까지도 가혹한 통치를 공포정치 또는 공안통치라고 해. 권력을 잡은 로베스피에르는 스스로 '자유의 확립을 위한 독재', '자유의 전제정'을 한다고 말했어. 혁명에 반대하는 사람들은 물론이고 사소한 잘못을 저지른 사람도 죽음을 당했지. 14개월의 공포정치 시기에 전국에서 17,000명 정도가 처형되었고, 여기 혁명 광장에서만 1,300명 이상이 목숨을 잃었다고 해.

딸 자기 뜻에 반대한다고 다 죽이면 옛날 왕이 다스리던 시절과 다를 바가 없어 보여요.

아빠 그렇지. 프랑스혁명이 애초에 빈곤으로부터 촉발된 측면이 있지만 지금까지도 높이 평가를 받는 이유는 신분제로부터의 해방과 정치적, 경제적 자유를 추구해서야. 그런데 생존을 위한 절박성 때문에 자유를 포기해야 한다면, 혁명의 앞뒤가 바뀐 셈이지. 반란을 무자비하게 진압했을 뿐만 아니라, 심지어 혁명 동지들도 차례로 죽였어.

딸 동료들까지 죽였다고요?

아빠 온건파인 지롱드파 사람들은 권력투쟁에서 밀린 후 지도자 21명이 사형을 당했어. 혁명 초기 "무기를 들어라"는 연설을 해 바스티유 습격을 촉발한 카미유 데물랭은 반혁명파에 대한 관용을 주장했다는 이유로 죽였어. 로베스피에르, 마라와 함께 3대 혁명가로 통한 조르주 당통은 부패 혐의로, 에베르는 시민을 선동하여 공안위원회에 반항하였다는 이유로 모두 처형됐어. 그들이 죽으면서 남긴 말들이 유명해지기도 했어. "혁명은 사투르누스처럼 제 자식마저 잡아먹는다", "아! 자유여, 그대의 이름으로 얼마나 많은 죄를 범할 것인가?". 결과적으로 왕이 다스리던 시절보다 더 무서운 시절이 되었지.

딸 오히려 나쁜 지도자를 만나 더 좋지 않은 세상이 된 거네요?

아빠 그렇게까지 말할 순 없어. 토머스 칼라일 같은 역사가는 로베스피에르를 가리켜 '바다처럼 푸르른, 부패하지 않는 자'라고 표현하기도 했어. 애초에 사형 반대론자였던 그가 공포정치의 대명사가 된 데에는 그만큼 절박한 이유가 있었어. 여기저기서 반란이 일어나고, 혁명이 확산될 것을 우려한 이웃 나라들이 전쟁을 걸어왔고, 국민의 식량이나 필수품에 대한 요구는 드높았는데 재정은 파산 직전이었어. 결국 필연성을 내세워 자유를 희생해야 한다고 주장했고, 실제로 상당한 성과를 거두었어. 최고가격제로 생필품 가격을 억눌렀고, 국민총동원령으로 전쟁도 이기기 시작했고, 부패와 배신자에 대한 응징으로 국민들에게 만족감도 주었지.

딸 많이 무섭긴 하지만, 그래도 정치는 안정되고 살기는 좋아졌네요?

아빠 어느 나라든 독재자가 나타나 국민이 일사분란하게 움직일 때 단기적인 성과는 분명히 나타나는 법이야. 하지만 그걸 위해서 수많은 피를 흘려 혁명을 한 것은 아니잖아.

공포정치의 시작과 끝

딸 공포정치가 14개월 동안이라고 그랬죠? 로베스피에르도 금방 권력을 잃었어요?

아빠 얼마 가지 못해 그도 단두대에서 죽었어. 비타협적인 정책을 추구하고, 잔인한 살육을 계속하다가 민심을 잃고 권력을 빼앗긴 거야. 지롱드파는 물론 자코뱅당 중에서도 과격파 상퀼로트 지도자 에베르와 혁명의 거두 당통까지 다 죽이면서 고립무원이 되었지. 동료 의원들마저 자신이 언제 죽을지 몰라 벌벌 떨고, 국민들도 등을 돌린 거야. 국민공회 안의 온건파가 1794년 7월 '테르미도르반동'이라고 불리는 쿠데타를 일으켰어. 로베스피에르가 체포되자 열렬한 지지기반이었던 상퀼로트마저도 냉담한 반응을 보였다고 해.

딸 로베스피에르 같은 인물을 어떻게 평가해야 할지 어려워요. 역사적으로는 어떤 평가를 받아요?

아빠 일단 공포정치의 상징이라는 이미지가 너무 강했기 때문에 정치적 냉혈한의 대명사가 되었어. 하지만 적어도 그 사람이 이후의 혁명가들과 달리 매우 순수한 동기를 가진 사람이었다는 점은 다들 인정하는 것 같다. 로베스피에르를 물리친 테르미도르의 주역들이 곧 부패와 무능으로 일관한 것과 비교하면 단연 빛나는 존재였다는 것이지. 로베스피에르파가 몰락하면서 프

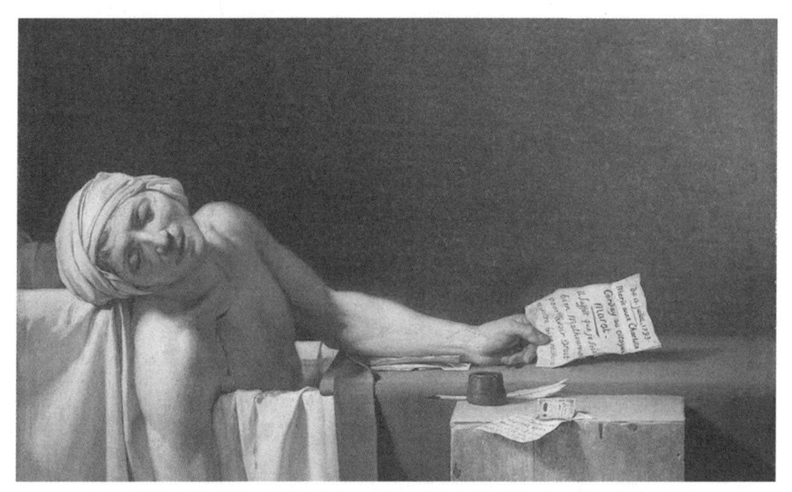

| 공포정치의 주역이었던 마라의 죽음을 묘사한 그림 〈마라의 죽음〉, 자크 루이 다비드, 1793. |

랑스혁명은 실질적으로 끝나게 되고, 시민혁명은 종말을 고했다고 하는 견해도 있어.

딸　그렇다고 가혹한 정치를 한 사람을 높게 평가할 순 없잖아요?

아빠　그의 여러 가지 업적에도 불구하고 아빠는 좋은 평가를 할 수 없다고 생각한다. 사람을 그렇게 많이 죽인 사람, 인간에 대한 깊은 연민이 없는 사람, 자유를 지키기 위해 자유를 없애는 모순을 범한 사람이 긍정적으로 인식되어서는 안 된다고 생각한다. 권력을 가진 자에게 비타협적인 신념은 매우 위험하고, 신념의 노예가 된 삶은 이렇게 불행하단다.

딸　아까부터 드는 의문이 있어요. 모든 혁명은 피를 흘려야 하나요? 평화로운 혁명은 없나요?

아빠 가끔은 영국의 명예혁명처럼 별다른 희생 없이 혁명이 성공한 경우가 있지만 예외적인 경우야. 혁명 과정에 사람들이 많이 죽는 일은 프랑스혁명만이 아니라 러시아, 중국 등의 공산혁명, 그 외에 다른 나라의 혁명에서도 계속해서 벌어졌어. 반혁명 세력, 역사를 거스르는 반동분자 제거가 명분이지만 권력을 어느 한 사람이나 세력에 집중시키기 위해 정적을 제거하고 국민을 통제하기 위한 수단으로 활용된 경우가 더 많았어. 그렇지만 잘못된 점을 비판하는 과정에서 프랑스대혁명의 가치 자체를 폄훼해서는 안 되겠지.

국가가 사람을 죽이는 것을 이해할 수 없어요

딸 사람이 사람을 죽인다는 건 정말 끔찍해요. 그런데 국가가 나서서까지 사람을 죽인다는 걸 이해할 수 없어요.

아빠 역사상 살인으로 죽은 사람보다 국가에 의해 사형당한 사람이 더 많다는 말이 있어. 구체적으로 통계를 낼 순 없지만, 나라마다 각종 정치적 격변기에 수많은 사람들이 사형을 당했던 것을 떠올리면 일리 있는 이야기야. 특히 억울한 사형수는 대부분 정치적 이유와 결부되었을 때 발생하고, 그 수가 많지. 개인이 아니라 세력끼리 부딪히고, 권력을 쥔 사람이 반대파의 재기를 막고자 사형을 선택하기 때문이야. 재판도 없이 즉결로 처형하는 경우도 많았어.

딸 우리나라는 아직 사형제가 있잖아요. 어떤 경우에 사형을 선고해요?

아빠 요즘은 거의 살인죄를 저지른 사람들이야. 기존 판례를 보면 대체로 2명 이상 잔인한 방법으로 살해하고 동기도 나빠 정상참작의 여지가 거의 없을 때야. 통계자료를 보면 해방 후 1997년까지 총 920명이 사형을 당했는데 그중 살인이 562명으로 절반 이상이란다. 그런데 국가보안법, 반공법, 긴급조치 위반 등으로 사형당한 사상·정치범도 254명이나 됐지. 최근 법원에서 이들 중 상당수가 재심을 통해 무죄를 선고받기도 했어. 억울한 죽음도 꽤 있었던 것이지. 간첩죄로 사형당한 사람도 43명인데, 1986년 이후로는 사상범이나 정치범이 사형에 처해진 경우는 없다고 한단다.

딸 해방 이후 사형당한 사람이 1,000명 가까이 된다고요?

아빠 사실 그보다 훨씬 많아. 저 통계는 일반 법원에서 정식으로 재판을 받아 사형을 집행한 경우만 반영됐으니까 말이다. 군사법원에서 사형이 선고되어 집행된 수를 포함하면 1,634명에 이르고, 전쟁이나 내란 도중 군사재판을 받거나 재판 없이 즉결 처형된 경우까지 포함하면 그 수는 몇 배에 이를 것이라고 해.

딸 아빠는 재판에서 사형수를 본 적 있어요?

아빠 10여 년 전에 실제로 사형선고를 한 적이 있단다.

딸 정말이에요? 도대체 어떤 사람이었는데요?

아빠 이미 살인죄 전과가 있는 사람이 출소한 지 얼마 안 돼 친척을 살해한 경우였어. 구체적으로 말하긴 곤란하구나.

딸 그래서 그 사람은 사형당했어요?

아빠 아니, 고등법원에서 무기징역으로 감형되었어.

딸 왜 아빠는 사형을 선고했어요?

아빠 글쎄, 아빠가 생각하기에 살인죄를 2번 저질렀고 범죄 내용도 잔인하고 범행 후 정황도 매우 좋지 않았어. 법정에서 뉘우치는 것 같은 태도를 보였지만 그다지 진정성이 느껴지지 않았어. 그 무렵 사형이 확정된 다른 사건들과 비교해 보아도 사형을 선고하는 게 정의롭다고 생각했어.

딸 아빠는 사형제가 유지되어야 한다고 생각하니까 사형을 선고한 거죠?

아빠 꼭 그렇지는 않아. 판사는 법과 양심에 따라 판단하지만, 이건 개인적 양심이나 신념이 아니라 직업적 양심이야. 어떤 판사를 만나느냐에 따라 죽고 사는 게 갈린다면 옳지 않잖아. 죄질에 비추어 볼 때 사형을 선고해야 하는 경우라면 설령 본인의 소신이 사형제를 반대한다 하더라도 판사는 사형을 선고해야 한단다.

딸 사형을 선고할 때 판사도 두려움이나 고통이 크지 않아요?

아빠 당연하지. 사람을 죽이고 살리는 일인데 마음의 부담이 클 수밖에 없지. 아빠도 그 사건 때문에 잠 못 이루는 밤을 보냈어. 공권력의 이름으로 살인을 하는 것이잖아. 그런데 우리나라는 사형이 선고되어도 집행을 안 한 지 20년 이상 되었어.

딸 사형선고는 하는데 집행을 하지 않는다고요?

아빠 1997년을 끝으로 사형집행을 하지 않고 있어. 2018년 기준으로 사형이 확정되고도 집행되지 않고 있는 사람들이 60명 남짓이야. 오랫동안 사형을 집행하지 않아 국제사면위원회에서는 사실상 사형폐지국으로 분류하고 있어.

딸 집행도 안 하는데 선고는 왜 해요?

아빠 그런 의문이 드는 게 당연하다. 법으로는 사형제를 채택했고 실제로 법원에서 사형이 선고되는데도 불구하고 집행을 하지 않는 것은 법과 현실이 일치되지 않는 대표적인 경우라고 할 수 있지.

그럼에도 사형제를 유지하는 이유

딸 법을 바꿔서 차라리 사형제를 폐지하면 안 되나요?

아빠 간단한 문제가 아니란다. 국민들의 여론이나 법 감정을 고려해서 이뤄져야 하거든. 국회에 매번 사형폐지 법안이 제출되지만 통과되지 못하고 있어.

딸 사형은 멀쩡한 사람을 국가가 죽이는 살인행위라면서요. 역사적으로 억울하게 사형당한 사람도 많다면서요. 그리고 옛날과 달리 인권을 존중하는 세상이 되었잖아요. 그럼 사형은 당연히 폐지되어야 하지 않아요?

아빠 너는 그렇게 생각하는구나. 하지만 우리나라에는 아직도 극악한 범죄자는 사형에 처해야 한다고 생각하는 사람들이 훨씬 더 많다. 시기에 따라 다르지만 여론조사 결과를 보면 사형제 찬성이 60% 내지 70%야. 가끔 흉악한 범죄자가 한 번씩 나오면 90% 이상 사형제에 찬성하곤 한단다. 헌법재판소에서도 재판관들 사이에 견해가 나뉘지만 1996년과 2010년 2번 모두 사형제를 합헌이라고 판단했어.

딸 선진국들은 사형제를 폐지하지 않았어요?

아빠 아직도 미국의 여러 주와 일본은 사형을 집행하고 있는걸. 중국은 정확한 통계는 없지만 매년 수천 명씩 사형에 처해지고 있다고 한다. 반면 유럽에서는 일반 형법에 사형을 명시한 국가는 러시아와 벨라루스뿐이지만, 그중 러시아는 집행을 하지 않는 사실상 사형 폐지국이야. 국제사면위원회에 따르면, 2014년 말 기준 198개국 중에서 140개국이 사형 폐지국이야. 사형제를 완전히 폐지한 국가는 98개국, 전쟁 범죄와 같은 예외적인 경우를 빼고는 사형제를 폐지한 국가는 7개국, 법으로는 사형이 있지만 10년 이상 집행하지 않고 있는 국가는 35개국이야. 반면 58개국은 아직도 사형을 실제로 집행하고 있다고 해.

딸　그러면 우리나라도 세계적인 추세에 따라 사형제를 폐지해야 하는 것 아니에요? 굳이 국가에서 그런 잔인한 짓을 계속 해야 하는 이유를 모르겠어요.

아빠　아빠가 생각하기에 사형제를 유지하는 가장 중요한 이유는 국민들의 정의 관념과 국가권력에 대한 고전적인 인식 때문이야.

딸　너무 어려운 말이에요.

아빠　형벌의 최우선 목적은 죄에 대한 응보고, 아무리 시대가 변했다 해도 복수심을 충족시키는 게 형벌의 기본 기능이야. 기원전 1700년경 고대 함무라비 법전에 '눈에는 눈, 이에는 이'라고 써져 있고, 고조선의 팔조법금에도 '사람을 죽인 자는 사형에 처한다'라고 되어 있어. 오늘날 고대처럼 꼭 같은 정도의 보복을 가해서는 안 되겠지만, 그 시대가 보편적으로 옳다고 생각하는 정의는 실현되어야 한다는 거야.

딸　보편적으로 옳다고 생각하는 정의라고요?

아빠　굳이 사형제가 아니라도 전통적으로 국가는 전쟁이든 정책이든 국민을 실질적으로 죽이고 살릴 권한을 행사해왔고, 자유주의 국가에서도 마찬가지야. 시대가 아무리 바뀌어도 다른 사회와 구분되는 국가만의 힘이 있어야 한다고 생각하는 사람이 많아. 그런 점에서 사형제는 포기할 수 없는 국가의 권력 중 하나라는 것이지.

딸 억울한 죄를 뒤집어쓰고 죽은 사람은 어떡하고요?

아빠 역사상 그런 경우가 꽤 있었던 것은 사실이야. 그래서 민주화된 나라에서는 사형제가 있더라도 남을 살상하지 않는 단순 정치범·사상범까지 사형을 시키는 것은 있을 수 없는 일이라고 하지. 반면 단순히 진범이 아닌데도 진범으로 몰리는 경우는 비단 사형제만의 문제는 아니야. 그리고 요즘은 과학수사가 뒷받침되고, 고문이 없어지고, 자백만으로 유죄를 선고하지 않기 때문에 그런 예를 찾기가 어려워.

풀기 힘든 딜레마를 남기고

딸 사형제 폐지는 제가 생각했던 것보다 훨씬 어려운 문제인 것 같아요.

아빠 한 치의 양보 없는 설전이 꼬리에 꼬리를 물고 일어나는 주제가 사형제 존폐론이 아닌가 싶다. 정의란 무엇인가로부터 시작해서 극악한 범죄를 전적으로 개인의 잘못으로 보느냐 아니면

국가나 사회에 상당한 책임이 있다고 보느냐, 국가의 본질을 어떻게 보고 그 힘을 어디까지 인정할 것인가, 인권과 사람의 생명에 대한 근원적인 고민이 섞인 종교적인 문제까지 복잡하게 얽혀 있는 셈이지. 그런데 사형제 폐지론에는 딜레마가 있어. 정치적이고 인권적인 이유로 사형제 폐지가 필요한 나라에서는 사형제 폐지론이 힘을 발휘하지도 못하는 반면, 사형제 폐지가 그다지 필요하지 않은 나라에서는 오히려 사형제 폐지론이 목소리가 높다는 거야.

딸 지금은 이렇게 평화로운 바스티유와 콩코르드광장에서 그토록 무시무시한 일들이 벌어졌다는 사실이 믿어지지 않아요. 우리가 여기서 혁명과 사형제를 논할 줄은 몰랐어요.

아빠 그래도 프랑스인들은 자신들이 대혁명의 후예임을 자랑스러워하고, 그때부터 형성된 공화정의 전통을 소중하게 여긴다고 해. 그리고 이런 역사적 경험 때문인지 남다른 정의 관념과 민주주의에 대한 열정을 가지고 있다는 평가를 받아. 이제 프랑스가 낳은 영웅 나폴레옹을 만나러 개선문으로 가볼까.

개선문과 샹젤리제 거리에서

누구를 위한 혁명과 전쟁인가요?

개선문과 샹젤리제 거리에서

낭만과 예술의 도시 파리에는 나폴레옹의 흔적이 역력하다. 파리의 중심 샹젤리제 거리의 초입에는 나폴레옹이 1805년 아우스터리츠전투의 승리를 기념하기 위해 세운 개선문이 있고, 맨 위에는 그의 성 보나파르트가 선명히 새겨져 있다.

루브르 박물관에는 자크 루이 다비드의 작품 〈나폴레옹 1세의 대관식〉이 있다. 가로 9m, 세로 6m에 이르는 대작으로 1804년 나폴레옹 황제의 대관식을 그린 것이다. 교황을 불러 놓고 스스로 로마 황제가 쓰던 월계관을 쓴 후 황후 조세핀에게 관을 씌워주는 장면을 묘사한 이 그림에서 전성기 시절 나폴레옹의 영광과 위세를 짐작할 수 있다.

나폴레옹은 프랑스혁명 10년 후인 1799년 쿠데타로 정권을 장악하고 5년 후 황제로 등극했다. 그는 19세기 초반 프랑스뿐만 아니라 유럽 전역에 자유와 평등의 근대정신과 제도를 전파했고, 1812년 러시아원정 실패와 1815년 워털루전투 패배 이전까지 유럽 대륙의 주도권을 장악했다. 그러나 패전 후 대서양의 세인트헬레나 섬에 유폐되어 1821년 쓸쓸히 사망했고, 1840년에 뒤늦게 그 유해만이 개선문을 지났다.

샹젤리제 거리를 내려오다 보면 오른쪽으로 1900년 파리 만국박람회를 기념해 에펠탑과 함께 건립된 그랑 팔레와 프티 팔레가 나온다. 그곳에서 알렉상드르 3세 다리 너머로 보이는 황금색 돔지붕의 군사박물관 앵발리드까지의 전경은 파리에서도 가장 아름다운 경관으로 꼽힌다. 현재 나폴레옹의 관은 앵발리드의 돔지붕 아래에 안치되어 있다.

나폴레옹은 신화에 가까운 업적에도 불구하고 프랑스에서 역사상 위대한 인물 중 선두에 서지 못한다. 공화주의에 반하고 혁명에 마침표를 찍었다는 꼬리표 때문이다. 실제로 시대의 상황이나 필요에 따라 그리고 평가하는 이에 따라 나폴레옹의 이미지는 매우 다르다. 나폴레옹처럼 양극단의 평가를 받는 인물을 어떻게 하면 아이들에게 잘 이해시킬 수 있을까.

3장

개선문

누구를 위한 혁명과 전쟁인가요?

150년 전 도시계획

딸　아빠, 개선문 위에서 바라보는 파리는 정말 아름다워요. 해 질 무렵에 오길 잘했어요. 저녁에 에펠탑에서 빛나는 불빛이 화려해요.

아빠　유서 깊은 도시인데도 불구하고 깔끔하고 세련된 분위기로 잘 정돈되어 있구나. 걷기만 해도 낭만적인 느낌이 드는 참 매력적인 도시야.

딸　유럽의 도시들이 대부분 길도 좁고 구불구불해서 차를 몰고 시내로 들어가기가 어렵잖아요. 그런데 파리는 에펠탑이나 개선문 주변까지 주차할 수 있고, 개선문에서 여기저기로 길이 잘 통하는 것 같아요.

아빠 원래 파리는 1800년대 중반까지만 해도 아주 좁은 길에 위생 상태가 좋지 않은 중세풍의 도시였단다. 오히려 런던이 더 근대적인 도시였어. 1853년부터 1870년까지 나폴레옹 3세가 파리지사 오스만 남작에게 도시 재건을 시켜서 오늘날의 파리를 만들었어. 대표적인 도시계획의 산물이라고 할 수 있어.

딸 지금으로부터 150년 전인데 도시계획을 했다니 놀랍네요.

아빠 혁신적이었지. 도시계획이나 도시공학을 하는 사람들에겐 지금까지도 파리가 벤치마킹 대상이야. 개선문을 중심으로 12개의 도로를 방사형으로 뚫고, 상하수도를 깔끔하게 정비하고, 길가에 가로수와 가로등, 정원과 광장, 큰 공원까지 골고루 배치했어. 청회색 아연 지붕과 베이지색 벽면에 발코니를 갖춘 건물들까지 세워 균형감을 유지했지.

딸 도시 전체에 걸쳐 대규모 공사라니, 아무래도 독재의 냄새가 나는데요? 아빠가 유럽의 큰 성당이나 궁전을 보면 당시 건물을 짓기 위해 민중들이 흘린 피땀을 생각하라고 하셨잖아요?

아빠 하하하, 너희도 아빠랑 여행하면서 사회학적 상상력이 느는 듯하구나. 당시 도시빈민을 중심으로 한 반대와 저항이 컸다는 이야기를 들은 적 있어. 특히 파리 도심에서 도시빈민들을 쫓아내서 프랑스혁명 이후 대두한 급진적 개혁 세력을 약화시켰어. 작은 골목길을 없애 바리케이드를 치기 어렵게 했는데, 이는 시민혁명을 원천적으로 봉쇄하고 쉽게 진압하려는 목적도 있었다는 거야.

딸 프랑스혁명 때 시민들이 바리케이드 치고 싸우는 건 소설 『레미제라블』에 나와요. 뮤지컬과 영화로도 만들어졌잖아요.

아빠 맞아. 그런데 너희들 '레미제라블(Les Miserables)'이 무슨 뜻인지 아니?

딸 그럼요. 불쌍한 사람들, 비참한 사람들이라는 뜻이에요. 영화에서 파리 시내는 아주 지저분하고, 코제트의 엄마 팡틴처럼 불쌍하게 살아가던 사람들이 많았어요.

아빠 레미제라블은 1815년 나폴레옹 몰락에서부터 시작해 1832년에 있었던 '6월 봉기'까지의 이야기야. 프랑스대혁명 당시 이야기로 아는 사람들이 많은데, 사실은 대혁명 후 나폴레옹마저 사라진 다음 루이 필리프 왕정 시절이 배경이야. 영화에서도 공화정을 지지하는 사람들이 혁명을 시도했다가 동조하는 시민들이 적어서 실패하는 것으로 나오잖아.

딸 어어, 그게 프랑스대혁명 때 이야기가 아니에요? 그 후에 나폴레옹이 지저분한 파리를 재개발했다면서요?

아빠 하하, 그건 너희가 아는 유명한 나폴레옹이 아니라 그의 조카 루이 나폴레옹인데, 1851년에 황제정을 부활시켜 나폴레옹 3세가 된 사람이야.

| 알렉상드르 3세 다리 너머 앵발리드까지의 전경은 파리에서 가장 아름다운 경관으로 꼽힌다 |

딸 우리가 아는 나폴레옹 말고 나폴레옹 3세가 따로 있다고요?

아빠 응. 우선 알고 있는 나폴레옹 이야기부터 시작해보자. 이 개선문을 세운 나폴레옹부터 말이야.

영웅의 조건

딸 프랑스하면 가장 먼저 떠오르는 인물이 나폴레옹이에요. 나폴레옹이 왜 그렇게 유명하죠?

아빠 역사상 프랑스의 전성기를 이끌었던 인물이고, 서양인들의 사상이나 제도에도 큰 영향을 끼쳤기 때문이야. 흔히 서양사에서 뛰어난 영웅 3명을 꼽자면, 마케도니아의 알렉산더, 로마의 카이사르, 그리고 프랑스의 나폴레옹이야. 그중 알렉산더나 카이사르는 기원전 인물인 데 반해 나폴레옹은 불과 200년 전의 인물이기 때문에 현재 서구인들의 기억에 가장 강렬하게 남아 있는 영웅의 이미지는 나폴레옹에서 찾을 수 있어.

딸 그렇게 '영웅'이라고 불릴 수 있으려면 어느 정도로 대단해야 해요?

아빠 남다른 재능과 지혜, 그리고 용기를 가지고 보통 사람들이 하기 어려운 일을 해내는 사람이지. 그런데 '남다른'이라든가 '보통 사람들이 하기 어려운'에 대한 명확한 기준은 없어. 이렇게 가치 판단이 포함된 단어는 인문·사회과학이나 법학에서 매우 중요한 문제야. 재판에서 판사들도 어떤 경우가 법조문의 그 단어에 해당하는지 여부를 매번 고민한단다. 결국 그 시대의 일반인들이 보편적으로 생각하기에 대단한 업적을 이룬 뛰어난 사람을 가리키지.

딸 일반인들의 보편적인 생각이라고요?

아빠 상식이란 말에 가깝지. 예를 들면 이순신 장군은 우리나라에서 누구나 인정하는 영웅이지. 종종 연예인이나 운동선수가 영웅으로 불려도 이를 인정하지 않는 사람도 있잖아. 하지만 나폴레옹에 대한 호불호는 달라도, 그를 영웅이라 부르는데 동의하지 않는 사람은 없을 것 같구나. 뛰어난 재능, 지혜, 용기를 모두 갖췄고, 실제로 불가능에 가까운 성취를 이루었으니까 말이다.

딸 얼마나 대단했는데요?

아빠 우선, 역사상 가장 훌륭한 장군 중 한 명이라고 할 수 있어. 16세에 사관학교를 졸업하고 포병장교가 되어 대위 시절 툴롱 전투에서부터 명성을 얻어 24세에 단번에 장군이 되었어. 왕당파 반란을 진압하고 사단장이 된 후 이탈리아 원정, 이집트원정을 연이어 승리하면서 국민적 영웅이 되었지. 1799년에 이집트 원정 도중 돌아와 쿠데타를 일으켜 권력을 장악했어. 불과 30세 때 제1통령이 된 거야. 그리고 5년 후에 국민투표를 거쳐 황제가 되었어. 찬성 350만 표 대 반대 2,500표였으니까 그의 인기가 얼마나 높았는지 알 수 있지. 나폴레옹의 뛰어난 전술은 아직까지도 군사학 강의자료로 사용되고 있어. 풍부한 사전 첩보, 유연한 대형 변환, 신속한 기동으로 병력이 적은 상황에서도 전세를 유리하게 이끌었고, 전면전, 섬멸전으로 승부를 단번에 결정지었어. 매번 화끈하고 통쾌한 승리를 거두었지. 연전연승으로 영국과 러시아를 제외한 유럽의 대부분을 지배했어. 프랑스 역사상 가장 강성한 시대를 이룬 거야.

프랑스의 전성기를 이끈 나폴레옹

딸 유럽의 대부분을 지배했다고요? 그럼 프랑스 국민들은 혁명 후에 나폴레옹 덕분에 드디어 잘살게 된 거예요?

아빠 확실히 혁명 이전보다 잘살게 되었어. 외국과의 전쟁에서 계속 이겼으니까 많은 이권을 차지했지. 그리고 국내에서 이룬 개혁 조치가 매우 효과적이었어, 오늘날까지 이어지는 것들도 많을 정도야. 나라의 기본이 되는 법령을 대거 정비하고, 세금 제도와 행정 제도, 공공 교육 제도를 확립했어. 교통망을 대거 확충하고, 프랑스 은행을 설립하고, 국무회의와 레지옹도뇌르훈장을 창설하고 미터단위법을 도입한 것도 그가 한 일이야. 특히 나폴레옹시대에 만든 프랑스 민법전과 신분과 파벌을 가리지 않는 인재 등용 방식은 전 세계의 모범이 되었어.

딸 용맹한 장군을 넘어 역사와 문학 등 여러 방면에 걸쳐 지성을 갖춘 사람이군요. 어떻게 그렇게 뛰어난 능력을 발휘할 수 있었을까요?

아빠 전쟁 중에도 책을 놓지 않았다고 해. 새로운 것을 만들어내는 창의력이 있었고, 균형감각과 상황에 적응하는 임기응변 능력이 뛰어났다는 평가를 받아. 결단한 후에는 추진력이 남달랐고, 확신에 찬 말과 행동으로 국민을 사로잡는 카리스마도 있었어. 자신의 통치와 전쟁에 명분을 부여할 줄 알았고, 늘 법과 제

| 〈알프스를 넘고 있는 나폴레옹〉, 자크 루이 다비드, 1801. |

도로 이를 뒷받침을 하는 세밀하고 실용적인 사람이기도 했지.

딸 알기 쉽게 예를 들어주세요.

아빠 자신을 '프랑스혁명의 화신', '군화를 신은 프랑스혁명'이라고 말하고, 혁명정신을 구현한다고 명분을 부여해 자발적인 충성을 이끌어냈어. 지중해 코르시카섬 출신으로 프랑스어도 몰랐던 소년이 프랑스의 황제가 되었으니 신화적이잖아. 그는 자신의 성취를 통해 누구라도 능력만 있으면 성공할 수 있다는 희망을 줬어. 나폴레옹법전은 함무라비법전, 유스티니아누스법전과 더불어 세계 3대 법전으로 꼽혀. 특히 나폴레옹 민법전은 만민의 법 앞에 평등, 종교의 자유, 경제활동의 자유 등 근대적인 가치관을 도입했어. 프랑스혁명의 이념이었던 자유와 평등을 법을 통해 제도화한 거야.

딸 그래서 프랑스가 실제로 자유롭고 평등한 나라가 되었어요?

아빠 지금 기준으로 보면 미흡하겠지만 당시로서는 획기적이었어. 아빠가 민법을 공부할 때, 나폴레옹 민법전에서 비롯된 것이라는 설명을 여러 번 들었을 정도야. 나폴레옹은 자신이 점령한 지역에 프랑스혁명의 정신을 퍼트린다고 했고, 실제로 프랑스와 동일한 법과 제도를 시행했어. 신분제의 압제에 눌려 있던 이웃 나라 국민들이 나폴레옹의 점령을 오히려 반기는 분위기였다고 해.

딸 점령당한 나라의 국민들까지 나폴레옹을 환영했다니 놀라운 일이네요.

아빠 그럴 만한 이유가 있었어. 아직 유럽의 여러 나라는 봉건제의 잔재가 많았고 농민들도 봉건 영주에게 속한 농노에 가까웠어. 그런데 나폴레옹이 점령한 곳에서는 구시대 신분에 의한 차별이 사라졌어. 나폴레옹의 가장 큰 무기는 민법전으로 대표되는 평등이었고, 평등의 확산이 두려웠던 이웃 나라 왕들은 대프랑스동맹을 맺어 대항했어. 귀족 외의 사람들에게는 나폴레옹이 자기 나라 왕보다 더 나았던 거야. 프로이센의 철학자 헤겔은 자기 나라를 침공한 나폴레옹을 보고 '말을 탄 세계정신(절대정신)'을 보았다고 감격스러워했어. 베토벤 교향곡 3번 〈영웅〉도 애초에는 '보나파르트'라고 이름 붙인 나폴레옹 헌정곡이었어. 나중에 제목을 바꾸었지만 말이야.

그가 전쟁을 덜했더라면

딸 정말 대단했군요. 그런데 왜 나폴레옹은 끝까지 잘하지 못하고 몰락하고 말았어요?

아빠 자유와 평등을 추구한다고 했지만 강력한 검열제도를 도입해 언론을 통제하고, 자신의 체제를 뒤집으려고 시도하는 자는 무자비하게 탄압했거든. 정치적인 면에서 자유는 없었으니까 그게 바로 독재지. 한동안 전쟁에서 계속 이겼고 인기는 많았어. 절대 권력자가 되자 비판과 직언은 사라졌어. 차츰 올바른 판단을 할 수 없게 되었지. 자신감이 넘치다 보니 자신을 왕보다 더한 황제로 칭했어. 신성로마제국, 스페인, 이탈리아 등 여러 나라에서 예전의 지배자들을 끌어내리고 가족과 측근을 왕이나 총독으로 앉혔어. 나폴레옹에 열광했던 이웃 나라 지식인들부터 돌아서기 시작했지. 모든 전쟁을 이길 수 있다고 착각했지만, 연패하면서 몰락하고 말았어.

딸 결국 판단력이 흐려져서 전쟁에서 패하고 물러났다는 거죠?

아빠 비교적 전성기 시절이라 할 수 있는 1805년에도 트라팔가

르해전에서 영국의 넬슨에게 지는 등 해상에서는 영국에게 밀렸어. 영국을 견제하기 위해 대륙봉쇄령을 내렸는데, 러시아가 파기하고 영국과 무역을 재개하자 1812년 61만 명을 이끌고 러시아원정을 떠났어. 모스크바까지 점령했지만 추위와 보급품 부족, 러시아군의 역습으로 돌아온 사람이 10만 명에 불과했어.

딸 거의 돌아온 사람이 없는 수준이네요. 나폴레옹은 러시아원정에서 패배한 후 권력을 잃었겠는데요?

아빠 곧바로 그렇지는 않았지만, 이때부터 급격히 쇠퇴했어. 초심을 잃고 자신의 승리에 도취되어 성급하게 전쟁을 계속 벌이다 실패했다는 지적을 받았지. 그런데 나폴레옹시대 말기에 가면 프랑스 군대가 점령하는 지역에서 예전과는 달리 해방의 요소보다는 정복과 착취의 요소가 월등히 강했고, 폭동이나 반대세력은 잔인하게 진압됐어. 이웃 나라에서 힘을 모아 프랑스에 대항하는 형국이 되었고, 점점 이길 수 없는 싸움을 하게 된 셈이지.

딸 나폴레옹이 전쟁을 조금만 덜했더라도 좋았을 텐데요. 프랑스는 왜 전쟁을 계속했을까요?

아빠 프랑스가 전쟁을 시작한 이유는 혁명의 전파를 두려워한 이웃 나라에서 침략해왔기 때문이야. 자코뱅 공화국 시절 총동원령을 내리고 징병제를 시행하면서부터 혁명군이 전쟁에 이기기 시작했어. 그러다 보니 군대의 힘이 커지고 반대로 이웃 나라를 점령하기 시작하면서 현지에서 물자를 조달해 자급했어. 혁명 전 프랑스의 어려운 형편을 사실상 군대가 해결한 셈이야. 나폴레옹 같은 영웅도 그런 맥락에서 탄생했고. 혁명정신의 전파라는 명분을 들어 침략을 합리화한 측면이 있고, 결국 주변국들을 적으로 만든 거야. 역사학자들은 나폴레옹이 적당한 선에서 전쟁을 그치고 현상을 유지할 수도 있었다고 해. 하지만 스스로 자신의 능력을 최대한 증명할 수 있는 전쟁을 더 선호했다는 거지. 나폴레옹이야말로 '전쟁광'이라는 평가를 받기도 한단다.

딸 프랑스인들은 나폴레옹을 어떻게 생각했어요?

아빠 계속 전쟁을 해야 하는 힘든 시기이긴 했지만 프랑스 국민들은 영광의 시절로 생각했던 것 같아. 강력한 지도력이 있는 나폴레옹에 열광했고 유럽을 지배하자 모두 들떠 있었어. 하지만 나폴레옹은 러시아원정 실패 후 1813년 다시 프로이센과 오스트리아, 러시아 등 연합군에게 라이프치히전투에서 대패하고 1814년 파리는 함락되었어. 그해 4월 나폴레옹은 황제 자리를 뺏기고 엘바섬의 영주로 강등되었어.

딸 나폴레옹은 엘바섬에서 결국 죽었어요?

아빠 아니야, 1815년 2월에 엘바섬에서 탈출해 정권을 다시 잡았어. 그런데 이번에는 자신이 주변국과 강화를 원했지만 받아들여지지 않았어. 끝내 전쟁으로 승부를 볼 수밖에 없는 상황이 된 거야. 그해 6월 벨기에의 워털루에서 영국과 프로이센의 연합군에 맞서 결전을 치렀지만 웰링턴 장군에게 패배했어. 나폴레옹이 복귀한 후 워털루전투에서 패배할 때까지를 흔히 '백일천하'라고 불러. 정확히는 95일이지만 말이야. 결국 나폴레옹은 대서양의 작은 섬 세인트헬레나섬에 유배되어 6년 후인 1821년에 쓸쓸한 생을 마쳤어. 외세에 의해 물러났을 뿐 당시 프랑스인들은 끝까지 나폴레옹을 싫어하지는 않았던 것 같고, 한동안 나폴레옹의 향수에 젖어 있었다고 해.

진보와 보수에 대하여

딸 나폴레옹이 물러난 후 프랑스는 어떻게 되었어요?

아빠 루이 16세의 동생 프로방스 백작이 루이 18세로 즉위했어. 프랑스대혁명 때 어렵게 무너뜨렸던 부르봉 왕정이 복고된 거야. 그리고 나폴레옹이 집권을 전후해 20여 년에 걸친 전쟁에서 100만 명 가까운 인명피해가 있었던 것에 비하면 그 결과는 초라하기 짝이 없었지.

딸 국민들이 다시 혁명 이전의 왕정으로 돌아가길 원한 거예요?

아빠 아니야. 전쟁에서 지면 승전국의 뜻에 따를 수밖에 없어. 동맹국들이 오스트리아의 메테르니히 수상을 중심으로 빈에서 회의를 열어 유럽 전체를 나폴레옹 전쟁 이전으로 돌리려는 시도를 했어. 프랑스에도 왕정을 복고시키기로 결의해 루이 왕정을 다시 세웠지. 이렇게 커다란 사회적 변동이 있었지만 끝내 실패하고 세상이 보수화되는 현상을 '빈체제로 간다'라고 말하곤 한단다.

딸 정치적 견해를 이야기할 때 보수라는 말을 쓰잖아요. 정확히 보수라는 게 뭐예요?

아빠 기존의 전통을 중시해서 그대로 지키려는 경향이야. 반대로 새로운 질서나 이념을 찾아 사회의 변화나 발전을 추구하는 경향을 진보라고 해. 나폴레옹이 유럽을 휩쓴 이후에는 이미 자유주의 사상이 확산되고 민족주의나 공화정을 주장하거나 입헌주의, 법치주의 등의 근대적인 가치를 요구하는 목소리가 높았어. 그러니 왕의 권력을 강화해 기존 질서를 지키려는 경향을 보수라 하고, 헌법을 만들려고 하거나 자유·평등을 추구하는 사람들은 진보라고 할 수 있어.

딸 그럼 어느 시절에나 새로운 걸 찾아 발전을 추구하는 진보주의자들이 옳은 사람들 아닌가요?

아빠 진보란 말은 매력적이지. 하지만 새로운 것을 추구하는 이들이 늘 세상의 발전을 가져오진 않았어. 아빠가 생각하기에 진보는 역사가 흐른 후 결국 그 방향의 개혁이 옳았다는 공감대가 형성될 때 비로소 붙일 수 있는 말이 아닌가 싶다. 개혁이 오히려 개악이 된 경우도 많고, 새로운 이념을 추구하다가 오히려 이념의 노예가 된 사람들도 있어. 세상을 바꾼다고 하면서 어마어마하게 나쁜 짓을 한 사람들도 역사에서 여럿 있잖아.

딸 그래도 보수적이란 말은 안 좋게 쓰는 경우가 더 많지 않아요?

아빠 세상의 변화를 두려워하고, 기득권만을 지키려 하거나 고루한 사고방식에 젖은 사람들이 보수를 표방하는 경우가 많기 때문이야. 진정한 보수주의자는 기존의 성취를 높이 평가하기 때문에 체제에 대한 자신감이 있고, 도덕성과 책임 의식이 강해서 누구보다 근면성실하고 정직하단다.

천의 얼굴을 가진 사나이

딸 지금은 프랑스인들도 나폴레옹을 좋지 않게 생각하는 사람이 많다는 말을 듣고 놀랐어요. 왜 그런 거예요?

아빠 나폴레옹이야말로 '천의 얼굴을 가진 사나이'라고 불리곤 해. 나폴레옹을 아무리 낮게 평가한다 해도 그 사람으로 인해 프랑스뿐만 아니라 유럽 전체가 역사적으로 진보한 점을 부인할 수 없어. 정치적, 군사적 측면에서도 그만큼 뛰어난 전략과 리더

| 〈나폴레옹 1세의 대관식〉, 자크 루이 다비드, 1807. |

십, 그리고 실행능력을 갖춘 사람은 찾기 어렵거든. 아직도 국가 지도자의 자질을 이야기할 때 나폴레옹을 예로 드는 사람이 많아. 하지만 나폴레옹은 그 시대의 기준에서도 이율배반적인 인물이었어. 자유와 평등의 시대정신을 내세우면서 정작 왕보다 더한 황제를 칭해 강력한 1인 독재 권력을 지향했어. 피할 수도 있는 전쟁을 계속 확대시킨 것도 그의 정복욕과 전쟁광적인 면모 때문이라고 해석하는 사람들이 많아. 결과적으로 전쟁에 패배해 황제에서 물러나면서 루이 18세의 왕정이 복고되었어. 프랑스혁명 이전으로 돌아간 셈이지. 나폴레옹이 혁명의 아들이 아니라 정복자 황제가 되면서 다른 왕들과 차이가 없어지고, 구체

제로부터의 해방이 아니라 이웃 나라에 대한 침략이 되었어. 권력을 잡은 것 자체도 프랑스혁명에 종지부를 찍고 1인 독재 체제로 나아간 쿠데타의 전형으로 평가받을 수밖에 없게 되었어.

딸 쿠데타라는 게 뭔데요?

아빠 원래 프랑스어로 '국가에 대한 일격'이라는 뜻인데, 우리말로는 정변이라고 해. 국민의 의사와는 관계없이 무력 등 합법적이지 않은 수단으로 정권을 빼앗는 것을 말해. 나폴레옹의 권력 찬탈에서부터 쿠데타라는 말이 유래해 정치학의 주요 용어가 되었다고 해. 사실 권력 기반이 확고하지 않은 나라에서 혁명보다 훨씬 자주 발생하는 정치 현상이야. 지금까지도 세계 여러 나라에서 쿠데타는 계속 일어나고 있어.

딸 쿠데타와 혁명은 어떻게 달라요?

아빠 기존의 법에 의하면 합법적이지 않은 건 쿠데타나 혁명이나 마찬가지야. 하지만 혁명은 광범위한 대중운동을 바탕으로 새로운 권력을 창출하는 것인데 반해, 쿠데타는 대중의 의사와는 무관하게 소수의 사람이 갑작스럽게 권력을 빼앗는 거야. 쿠데타를 성공시킨 후에는 통상 혁명이라는 이름을 붙여 정당화하려고 하지만, 둘 사이에는 이렇게 본질적인 차이가 있어. 그래서 쿠데타를 한 사람이 권력을 나눠 갖고 민주주의로 나아가는 경우는 매우 드물어. 대부분 독재에 머무르고 위급한 상황이라고 합리화하곤 하지.

딸 그래도 나폴레옹처럼 능력 있는 사람이 권력을 잡아서 프랑스가 크게 발전하지 않았나요?

아빠 실제로 그런 견해를 가진 사람들이 꽤 있어. 나폴레옹의 가장 나쁜 영향은 이후 세대 수많은 독재자들에게 영감을 주고, 쿠데타를 꿈꾸는 자들의 모델이 되었다는 점이야. 특히 20세기에 전 세계적으로 나폴레옹을 영웅시하고 그를 따라 하는 군인들이 너무 많이 나왔어. 우리나라도 마찬가지였잖아. 정치가 혼란스러운 나라에서는 어떤 식으로든 권력을 잡은 후 나폴레옹처럼 잘하면 된다고 생각한 거지.

딸 누구든 정치를 잘해서 국민이 잘살면 되잖아요?

아빠 대부분의 쿠데타 세력들이 애초에 나폴레옹만 한 국민적 영웅도 아니었고, 정권을 잡고 나서 정치를 잘하지도 못했어. 강력한 권력을 이용해 단기적 발전을 이루고 당대에 인기를 얻는 경우는 가끔 있었어. 하지만 늘 독재로 나아가고, 장기 집권하면 부패하고, 이후에는 더 큰 혼란을 초래하곤 했어. 나폴레옹도 마찬가지였어. 통령정부 시절에는 국가 통치자의 모델이었지만, 황제가 된 후에는 성공의 열쇠가 되었던 균형감각을 잃어버렸다는 지적을 받았어. 권력자가 제도화된 통제를 받지 않고 스스로 자신의 욕망을 조절하고, 계속해서 합리적인 판단을 하기란 어려워. 그래서 권력에서 가장 중요한 덕목은 견제와 균형이야. 근대 이후로는 영웅 한 명에게 의지하는 사회나 국가가 결코 바람직한 방향으로 가지 못했다는 게 역사가들의 일반적인 견해야.

멈추지 않는 혁명의 기운

딸 나폴레옹이 워털루전쟁에서 패하지 않고 승리로 이끌었다면 지금 전혀 다른 세상이 되어 있을까요?

아빠 워털루에서 나폴레옹이 이기는 것은 세계사를 바꿀 만한 사건 중 가장 실현가능성이 있었던 가설이라고 한다. 마지막 날 나폴레옹이 지게 된 원인으로 그의 지병 때문이라는 설, 날씨와 환경 때문이라는 설, 부하의 판단 실수 때문이라는 설 등 여러 가지 견해가 있어. 하지만 설령 나폴레옹이 그 전투에서 이겼다고 하더라도 계속해서 유럽을 지배할 가능성은 높지 않았다고 해. 오히려 나폴레옹이 러시아원정을 가지 않았다면 나폴레옹이 그 지위를 상당 기간 연장했을 것이라는 의견은 있어. 그랬다면 프로이센은 강대국이 되지 못했을 것이고, 적어도 독일 주도의 제1·2차 세계대전이 일어날 가능성은 낮았겠지.

딸 그러니깐 유럽 대륙의 주도권이 프랑스로부터 독일로 옮겨 갔다는 건가요?

| 〈민중을 이끄는 자유의 여신〉, 외젠 들라크루아, 1830. |

아빠 그 부분은 독일 여행에서 좀 더 이야기를 해보자. 일단 프랑스에서는 부르봉왕조가 복귀해 루이 18세가 즉위했다고 했잖아. 처음에는 입헌군주제를 내세워 민심을 수습하려고 했지만 점차 절대왕정으로 기울었어. 1824년에 샤를 10세가 왕이 되면서 의회를 해산하는 등 왕권신수설을 신봉하는 행태를 보이다가 1830년에 7월에 다시 혁명이 일어나 3일 만에 물러났어. 루브르 박물관에서 본 〈민중을 이끄는 자유의 여신〉은 7월 혁명을 기리고 있어.

딸 대혁명 말고도 또 다른 혁명이 있었네요. 그 후 프랑스는 다시 공화제가 되었어요?

아빠 이번에는 그렇지 않았어. 7월 혁명 후에는 의회에서 왕정을 유지하면서 왕족 중 오를레앙 공작인 루이 필립을 왕으로 세웠어. 입헌군주제와 내각책임제를 시행하고, 나폴레옹의 유해를 송환해 오기도 하는 등 '프랑스 국민의 왕'으로도 불릴 정도로 인기가 있었어. 국왕치고는 꽤 민주적인 사람이었다는 평가를 받지만, 왕당파나 공화주의자는 모두 불만족스러워했어. 아까 『레미제라블』에 나온 1832년 6월 봉기도 그 시절에 공화정을 요구하다 실패한 것이었어. 그러던 중 1848년에 2월에 파리 시민들이 모여 선거법 개정을 요구하다 군과 충돌하는 유혈사태가 벌어졌어. 그러자 파리 전역에서 봉기가 일어나 1,500여 개의 바리케이드로 뒤덮였고, 루이 필립은 왕위에서 물러났어. 곧바로 의회는 제2공화정을 선포했어.

딸 혁명에 혁명이 이어졌네요. 나폴레옹 이후 왕정이 복고되었다가 1830년 7월 혁명으로 다른 왕을 세우고 입헌군주제를 시행했는데, 다시 1848년에 혁명이 일어나 이번에는 공화정을 하게 되었다는 것이죠?

프랑스인에게 중요한 가치, 공화정

아빠 맞아. 프랑스의 1848년 혁명은 전 유럽으로 전파되어 오스트리아나 프로이센 등 보수적인 빈체제에 반발해 연달아 혁명이 일어났어. 카를 마르크스는 1848년에 이런 혁명들을 보면서 '공산당선언'을 발표하기도 했어. 이제 프랑스에서는 모든 성인 남성들에게 투표권을 주어 대통령 선거를 했는데, 나폴레옹의 조카인 루이 나폴레옹이 과거 영광의 재현을 내세워 70% 이상 득표율로 당선이 되었어. 하지만 그는 민주주의라는 측면에서 루이 필립보다 못한 사람이었어.

딸 아니, 공화정을 하려고 혁명을 했는데 이전의 왕보다 못한 사람을 그렇게 높은 지지율로 뽑다니요. 어떻게 그렇게 되었죠?

아빠 흔히 냉소적인 의미로 "대중은 우매하다"고 할 때, 루이 나폴레옹의 사례를 들지. 혁명 당시 투표권 확대와 공화정이 목표였기 때문에 모든 성인 남자에게 투표권을 줘서 24만 명이던 유권자가 940만 명으로 늘었어. 아이러니하게도 그 점이 반혁명적인 결과를 낳았어. 파리의 혁명 분위기와 달리 지방에서는 루이 왕정 시절이나 나폴레옹 시절의 영광을 그리워하는 사람들이 많았기 때문이야. 도시 노동자들 중에서도 상당수가 그 시대의 영광을 재현해줄 것이라 믿고 루이 나폴레옹을 지지했다는 거야. 그는 대통령이 된 후 4년 단임제 헌법을 고치기 위해 1851년 쿠데타를 일으켜 의회를 해산하고 국민투표로 헌법을 개정했어. 권력을 가진 자를 위한 '친위 쿠데타'라는 말은 여기서부터 비롯되었다고 하지. 1852년에는 국민투표로 황제까지 올랐어. 이때부터 나폴레옹 3세라고 칭해 프랑스의 제2제정이라고 불러.

딸 두 나폴레옹은 쿠데타로 집권했다는 공통점이 있네요. 파리개조사업을 했다는 사람은 나폴레옹 3세죠?

아빠 그렇지. 일반적인 평가는 큰아버지보다 자질이 많이 부족했고, 주로 대중의 인기에 영합하는 정책을 폈다는 거야. 그래도 당시 산업혁명이 본격화되면서 세계경제 사정이 좋았어. 제국주의 무역도 늘었고, 산업 생산력도 제2제정 말기인 1870년까지 2배까지 늘었다고 해. 그런데 대외정책에서는 실패를 거듭했어. 특히 1871년에 프로이센의 비스마르크에게 말려들어 전쟁을 선포했다 대패했어. 황제 스스로 전장에 나갔다가 포로로 잡히면서 제2제정은 돌연 끝났지. 프로이센은 이 전쟁에서 이기면서 독일을 통일하고 배상금도 많이 받아 강대국으로 부상했고, 프랑스에서는 제3공화국이 시작되었어.

딸 프랑스는 대혁명 이후 공화정, 황제정, 왕정으로 계속 체제가 바뀌고 혁명도 더 일어나면서 많은 혼란을 겪었군요?

아빠 혼란이라고 할 수도 있지만, 세계사를 선도하는 역동적인 정치적 발전을 이뤘다고도 볼 수 있어. 그 후 프랑스에서는 왕정이나 황제정이 부활하지 못했고, 제3공화국은 1940년까지 70년 동안 비교적 길게 지속됐어. 프랑스인들은 이렇게 여러 번의 혁명과 좌절을 겪고 어렵게 확립된 공화정의 전통을 대단히 소중하게 생각해.

딸 처음엔 프랑스인들이 나폴레옹 시절을 영광스럽게 생각할 것 같았거든요. 그런데 역사를 살펴보니 오늘날 프랑스인들이 왜 공화정을 중요하게 생각하는지 알겠어요.

아빠 그렇지. 프랑스는 제3공화국 이후로 정치가 안정되면서 상당한 경제발전도 이루었어. 문제는 제국주의시대 영국이나 독일과의 대결이었어. 그 이야기는 앞으로 영국과 독일을 여행하면서 차례대로 알아보자.

2부

왕국의 민주주의 영국을 이해하다

런던탑과 타워브리지에서

왕이 이혼하기 위해 종교개혁을 했다고요?

런던탑과 타워브리지에서

런던에 10년 만에 다시 왔다. 해외연수로 가족이 1년 가까이 살았던 곳인지라 감회가 남다르다. 그때 여행을 다니면서 '가족과 다시 이곳에 오게 해주세요'라고 기도하곤 했었다. 당시 찍었던 사진을 챙겨와 같은 장소에서 같은 포즈로 찍어보았다. 이제 아이들은 안고 찍을 수 없을 만큼 커버렸지만 우리가 살던 빅토리아 시대풍의 건물은 그대로고, 시내뿐만 아니라 마을의 풍경도 변함이 없었다.

그렇다고 런던을 과거에 머물러 있는 도시라고 생각하면 오산이다. "런던이 싫증 난 사람은 인생에 싫증 난 사람이다"라는 말이 있다. 이 말이 처음 나왔던 18세기에도 런던은 깊이 있고 다채로운 곳이었고, 지금까지도 2,000년의 전통과 최첨단 문물이 조화롭게 공존하는 매력적인 도시다. 그래서인지 전 세계에서 관광객이 가장 많이 몰리는 곳이고, 세계가 하나의 정부로 통일된다면 수도는 런던이 되어야 한다고 말하는 이들도 많다. 이미 많은 부분에서 세계의 표준을 차지하고 있을 뿐만 아니라, 모든 다양한 것들을 포용할 만한 넉넉함을 갖췄기 때문이다.

이 유서 깊은 도시에서 사람들이 가장 즐겨 찾는 장소는 런던탑이다. 비교적 평범한 외양을 가진 이 오래된 성이 오늘날까지 큰 관심을 끄는 이유는 특히 헨리 8세와 관련된 일화가 많기 때문이다. 결혼을 6번이나 하고 영국을 가톨릭의 나라에서 국교회의 나라로 바꾼 헨리 8세의 삶과 그 뒤를 이은 메리여왕, 엘리자베스 1세 여왕에 이어지는 이야기는 500년이 지난 지금까지도 영국인들의 입에 자주 오르내리고, 논쟁의 대상이기도 하다.

영국은 한반도와 비슷한 크기의 섬나라이지만 한때 세계에서 가장 큰 나라였고, 차분한 것 같지만 역동적이고, 보수적인 것 같지만 혁신을 거듭하는 나라다. 잉글랜드, 스코틀랜드, 웨일스, 북아일랜드로 구별되는 각기 다른 개성의 영국인들을 묶는 하나의 공통분모가 있다면 그것은 세계사를 선도해왔다는 그들의 자부심이다.

런던 타워브리지

4장

왕이 이혼하기 위해 종교개혁을 했다고요?

전통과 현대가 공존하는 도시

딸 아빠, 런던은 생각보다 훨씬 재미있는 도시인 것 같아요. 워털루역 바로 옆에 런던아이가 있고, 다리 건너 빅벤이랑 웨스트민스터가 나오고, 조금만 걸으면 버킹엄궁전에다가 트래펄가광장과 내셔널갤러리까지 유명한 곳들이 계속 나타나니깐 놀라워요. 곳곳에 뮤지컬 공연장이나 이벤트 행사장이 있어서 즐길 거리도 많아요.

아빠 런던은 어딜 가나 전통과 현대가 공존하는 흥미진진한 도시인 것 같다. 유명한 인물들의 동상도 여기저기 많이 세워놓았고, 지명에도 대부분 역사가 서려 있어. 옆으로는 최첨단 자율주행차가 지나가고, 최신 문화와 유행을 선도하는 휘황찬란한 광고

| 역사적인 이야기를 많이 간직한 런던탑 |

판이 걸려 있는데, 이런 풍경들이 전혀 이질적이지 않고 잘 어울리는구나.

딸　런던탑은 유럽의 다른 궁전이나 성들에 비해 그다지 멋지지 않고 그냥 오래된 성인 것 같아요. 그런데 런던에서 가장 인기 있는 관광지라고 해서 놀랐어요. 그럴 만한 이유가 있어요?

아빠　아빠 생각에는 런던탑 자체보다도 템스강 강변에서 타워브리지를 배경으로 한 풍경이 영국을 대표하는 전형적인 모습이고, 런던탑에는 역사적으로 흥미진진한 사연들이 깃들어 있어서 그런 것 같구나.

딸　역사적으로 흥미진진한 사연들이라고요?

아빠 응, 드라마틱한 일들이 많이 벌어진 곳이야. 영국의 역사드라마에 가장 많이 등장하는 주인공이 누구일 것 같니?

딸 글쎄요, 아서왕? 로빈 후드? 셰익스피어? 셜록 홈스? 엘리자베스여왕, 빅토리아여왕 같은 사람들 아니에요?

아빠 하하, 아서왕이나 로빈 후드, 셜록 홈스는 전설이나 소설 속 인물이고, 엘리자베스 1세나 빅토리아여왕은 그다지 개성이 강하지 않았어. 역사 속 인물 중에서 영화나 드라마에 가장 많이 등장하는 인물은 헨리 8세라고 해.

딸 아아, 그래서 런던탑에 유독 헨리 8세와 관련된 것들이 많군요? 영국에서 제일 인기 있는 왕이었어요?

아빠 인기가 많았던 것은 아니야. 헨리 8세는 6명의 왕비를 두었는데, 매번 이혼하거나 사별하고 새로 결혼을 했고, 그중 2명의 왕비는 불륜과 반역의 죄를 물어 런던탑에 가둔 후 죽이기까지 했어. 왕이 여인들을 만나고 헤어지는 이야기가 흥미진진하고, 그에 얽힌 정치적, 종교적인 영향도 크기 때문에 오늘날까지도 두고두고 화제가 된단다.

딸 왕들이 부인을 여러 명 두는 경우는 많이 있잖아요? 꼭 그렇게 이혼을 하거나 죽이고 새로 결혼을 해야 했어요?

아빠 우리나라나 중국은 왕이 후궁을 여럿 두는 것이 일반적이었지. 하지만 서양은 기독교가 사상이나 생활을 지배하면서 한

남자가 부인을 여럿 두는 것은 허용되지 않았어. 왕들이라도 마찬가지였어. 헨리 8세는 원래 스페인 출신 캐서린이라는 부인이 있었는데, 앤 불린이라는 여인을 만난 후 캐서린과 이혼하고, 앤과 새로 결혼을 하고자 했지만 교황이 허락해주지 않았어.

교황의 허락을 받는 왕

딸 왕이 이혼하고 재혼하려면 교황의 허락을 받아야 했어요?

아빠 그 시절 유럽인들은 혼인 같은 인생의 중요한 문제에 대해서는 교회에서 정당성을 인정받아야만 적법하다고 여겼어. 그런데 가톨릭에서는 한번 결혼을 하면 그 결혼을 무효로 하지 않는 한 이혼은 인정하지 않았고, 그런 교리는 오늘날까지 유지되고 있어. 최근 그 교리가 너무 시대에 뒤떨어진다는 비판을 받아왔고, 프란치스코 교황이 다소 완화했지만 말이야.

딸 가톨릭에서는 한번 결혼하면 이혼을 하지 못하게 했군요. 그래서 헨리 8세는 어떻게 했어요?

아빠 캐서린은 원래 왕세자이던 헨리의 형인 아서 튜더와 결혼했어. 그런데 형이 결혼한 지 6개월도 안 되어 전염병으로 세상을 떠나자, 캐서린은 불과 17세에 혼자가 되었어. 1500년대 초반인 당시는 스페인이 훨씬 강국이었고, 영국에서는 캐서린을 왕비로 삼으면 여러 가지 이익이 있었거든. 그녀를 되돌려 보내는 대신 왕위를 물려받을 헨리와 다시 결혼을 시킨 거야. 정략결혼이었지만 헨리와 사이도 좋았고 영국인들의 여론도 괜찮았단다. 그런데 캐서린이 여러 번 임신을 했지만 메리 1세를 빼고는 모두 유산하거나 일찍 죽고 말았어. 왕위를 물려줄 아들을 원했던 헨리는 앤 불린을 만난 후, 형제의 아내와 결혼하면 자식이 없을 것이라는 성경 구절을 문제 삼아 캐서린과의 혼인이 무효라고 주장한 거야.

딸 왕위를 물려줄 아들을 원했는데, 아들을 낳지 못하는 이전 부인과의 이혼이 허락되지 않으니 애초에 결혼이 무효라고 주장했다는 거죠?

아빠 그렇지. 사실 결혼할 때부터 그 부분은 문제이긴 했어. 다만 교황이 정치적인 판단으로, 캐서린이 헨리의 형과 결혼식을 올렸으나 실질적으로 부부로 살지는 않았다는 주장을 받아들여 결혼을 허락한 거였어. 교회가 뒤늦게 오류를 인정할 수는 없잖니. 그리고 교황 클레멘스 7세는 혼인 무효를 선언할 만한 힘도 없었어. 캐서린은 당시 유럽에서 가장 힘이 있었던 스페인의 국왕이자 신성로마제국 황제인 카를 5세의 이모였어. 공교롭게도 교황이 1527년 카를 5세에 대항해 전쟁을 일으켰지만 패하는 바람에 로마까지 점령당하기도 한 직후였으니 더욱 그랬겠지.

| 역사상 가장 유명한 스캔들의 주인공 헨리 8세 |

딸 그 시절에는 교황이 정치도 하고, 왕을 상대로 전쟁도 했어요?

아빠 교황은 애초에 예수님의 제자 베드로의 포교 활동에서부터 유래된 가톨릭의 수장이야. 원래 기독교 신앙을 전파하고 교리적 논쟁을 해결하는 게 주요 역할이었는데, 중세에 들어 기독교가 유럽 사람들의 사상과 세속적인 삶까지 지배하게 되면서부터 교황은 자연스럽게 정치적인 힘을 지녔어. 교황 자체도 유력 가문 출신이 차지하는 경우가 대부분이었고, 클레멘스 7세도 이탈리아를 한동안 지배했던 메디치 가문 출신이었어. 하지만 교회가 현실 문제에 지나치게 관여하다 보니 세속화되고, 관료화되고, 보수화되는 등의 문제가 나타났어. 특히 중세 후기에 이르면

각 나라의 왕들의 힘이 커지면서 교황의 권위를 그대로 인정하지 않는 경우가 많았어. 그러자 교황 스스로도 왕들과 결탁하거나 혹은 대립하면서 권력의 줄다리기를 하는 경우가 많았어.

단지 이혼하기 위해서였을까

딸 그러니까 교황이 혼인 무효를 인정해주지 않으니까 헨리 8세는 교황의 허락을 받지 않고 이혼을 했다는 것이죠?

아빠 먼저 국왕의 결혼이 적법한지 여부에 관한 교황의 칙령은 영국 땅에서 효력이 없고 국법이 우선한다고 선언했어. 의회에서도 캐서린과의 결혼이 무효라고 선언하고 앤 불린을 적법한 왕비로 인정했어. 그리고 1534년 영국 내에서 교회의 유일한 수장은 국왕이라고 선포했어. 이걸 '수장령'이라고 한단다. 교황에게 있던 종교적 재판권을 왕이 갖고 수도원의 재산도 국유화하는 식으로 로마교황청과는 완전히 결별한 거야. 이로써 가톨릭과 구별되는 영국국교회가 탄생했고, 결과적으로 영국식의 종교개혁이 이루어졌지. 한동안 진통이 있었지만 오늘날까지도 영국은 국교회의 나라이고, 국왕이 영국국교회 수장 지위를 유지하고 있어.

딸 왕이 이혼을 하기 위해 나라의 종교를 바꿨다고요?

아빠 단순하게 말하면 그렇다고 할 수 있지. 하지만 당시 가톨릭교회에 대한 비판의 목소리가 높았고, 이 때문에 종교개혁의 여론도 있었어. 이를테면 교회에 돈을 내면 지은 죄를 용서받고 천국에 갈 수 있다는 '면죄부'를 팔았는데, 1517년 독일의 마르틴 루터가 면죄부를 비롯한 교회의 타락상을 비판하는 '95개조 반박문'을 발표해 종교개혁을 촉발시켰어. 영국에서는 유럽 본토에서 벌어지는 종교개혁의 움직임이 크지는 않았지만, 적어도 영국의 교회가 교황으로부터 독립해야 한다고 생각하는 사람들이 많았기 때문에 의회에서 이런 법령들이 어렵지 않게 통과했지.

딸 영국 국민들과 귀족들도 찬성했다고요?

아빠 헨리 8세는 신앙심이 매우 깊은 사람이었고, 마르틴 루터의 비판을 비난하는 글을 써 교황으로부터 '믿음의 수호자'라는 칭호를 받을 만큼 교회를 존중하던 사람이었어. 그런데 자신의 이혼 문제로 교황에 대한 태도를 완전히 바꾼 것이지. 하지만 신앙심이 깊다는 것과 교황에 충성하는 것은 다른 문제임을 이미 사람들이 깨닫기 시작한 시기였어. 토머스 크랜머 대주교를 내세워 영어로 된 성경과 기도서를 제시하고, 성직자의 결혼을 허용했어. 반면 의식은 가톨릭과 비슷하게 엄숙하고 화려하게 하는 영국식 종교를 고안해낸 거야. 유럽본토에서 일고 있는 급진적인 종교개혁에는 반감이 있던 영국인들이 대거 국교회로 돌아섰어.

딸 그래도 기존 가톨릭 성직자나 믿음이 깊은 사람들은 반대를 하지 않았을까요?

아빠 『유토피아』의 작가이자 대법관을 지낸 토머스 모어를 비롯해 수장령에 공개맹세를 거부하는 이들도 있었어. 토머스 모어는 런던탑에 갇혔다가 끝내 참수형을 당했고, 수도사들을 중심으로 가톨릭을 고수해 죽음을 당한 사람들이 많았어. 왕은 그 기회에 1,200개에 달하는 수도원의 재산을 국유화해서 국고를 많이 확충했어. 꼭 가톨릭뿐만 아니라 급진적인 신교를 믿는 프로테스탄트들도 혹독하게 처단했어.

딸 왕이 그런 식으로 반대파도 죽이고 재산도 빼앗았으면 결국 종교개혁을 해서 교황에게 속했던 것을 왕이 모두 차지한 것 아니에요?

아빠 그래, 잘 봤다. 말하자면 헨리 8세는 인위적인 종교개혁을 통해 이혼의 명분을 얻고 재정적 실리도 챙기면서 왕권을 강화했지. 정치적으로는 꽤 성과를 거둔 왕이라는 평가를 받고 있단다.

딸 글쎄요. 그다지 훌륭한 사람 같아 보이진 않는데…….

아빠 헨리가 젊은 여자를 만난 후 별다른 잘못도 없는 전 부인을 내치고 재혼한 데다 종교를 내세워 반대파를 박해했으니까 인간적으로 좋다고 보긴 어렵지. 하지만 나름 선구자적인 발상을 한 거야. 왜 한 나라의 왕이 교황에게 결혼문제까지 허락을 받아야 하느냐부터, 현재 비판을 받는 로마 가톨릭의 교황에게 의존할 이유가 있냐는 것이지. 그 점에 공감하는 사람이 많았기 때문에 종교개혁으로 국론을 통일하고 종교의 수장 자리까지 꿰차 절대권력을 확립할 수 있었던 거야. 영국은 왕의 권력이 유럽의 다른 국가들에 비해 강한 편이 아니었거든. 그러나 헨리 8세 이래 튜더왕조 시대가 영국에서는 절대 왕정 시대가 되었고, 그의 치세 이후에 영국은 비약적으로 발전했지.

딸　왕이 절대권력을 행사하면 비판과 대안이 없어 잘못된 판단을 하는 경우가 많고, 자신뿐만 아니라 측근들의 부패가 끊이지 않는다고 앞서 프랑스여행에서 그랬잖아요?

아빠　시대가 다르잖아. 프랑스혁명이 일어날 무렵인 18세기에는 이미 시민의식과 평등사상이 무르익었고, 절대 왕정의 폐해가 극에 달했을 때야. 반면 16세기 초반에는 중세 봉건제에서 탈피해 지방 영주들과 교회의 영향을 누르고 체계적인 법과 제도를 갖춘 국가를 형성하는 게 시대정신이었어. 실제로 왕이 중심인 중앙집권적인 국가가 크게 성장하기도 했어. 역사가들은 유럽 변방에 위치한 섬나라에 불과했던 영국이 헨리 8세 시대에 왕권을 강화해 근대국가로 발전할 토대를 다졌고, 그의 딸 엘리자베스 1세 시절부터 유럽의 주요 국가 중 하나로 도약하게 되었다고 평가한단다.

세상에서 가장 유명한 스캔들

딸 헨리 8세와 앤 불린은 결혼한 후에 어떻게 되었는지 궁금해요. 아까 앤 불린도 죽였다고 하지 않았어요? 그렇게 떠들썩하게 결혼했는데 왜 그렇게 되었어요?

아빠 아들을 낳아 왕권을 강화해야 한다는 신념이 강했고, 여자에 쉽게 싫증 내는 바람둥이 기질도 있었다고 해. 앤 불린은 엘리자베스 공주를 낳은 후에 아들을 낳지는 못했어. 그러자 결혼한 지 3년 남짓 만에 폐위시키고 다른 여자와 결혼했어. 앤은 불륜 등의 죄를 뒤집어 씌워 런던탑에 가두었다가 참수형에 처하고 말았어. 불과 1,000일 동안 왕비를 했다고 해서 〈천일의 앤〉, 〈천일의 스캔들〉 등의 영화로도 만들어지곤 했어. 뉴욕타임스는 지난 1,000년 동안 가장 유명한 스캔들 중 하나로 이걸 꼽았어.

딸 당시에는 꼭 아들만 왕위를 이을 수 있었어요? 다시 결혼해서 왕자를 낳긴 했어요?

아빠 글쎄, 메리나 엘리자베스가 여왕이 된 걸 보면 딸이라고 왕이 되지 못한다는 법은 없었어. 하지만 2015년 개정된 왕위계승법 이전까지도 형제자매 중에서는 남자에게 우선권이 있었고, 1500년대니깐 아마도 나라를 다스리고 왕권을 지키는 데는 아들이 적합하다고 생각했을 것 같구나. 헨리 8세의 남성위주 세계관도 영향을 끼쳤을 수 있지. 3번째 부인 제인 시모어가 아들

| 앤 불린 등을 처형한 장소임을 표시해놓은 런던탑 안의 유리 조형물 |

에드워드를 낳았지만, 애를 낳은 지 6일 만에 죽었어. 4번째 부인 클레브스 앤은 예쁘지 않다고 혼인을 무효로 해서 본국에 돌려보내고, 5번째 부인 캐서린 하워드는 불륜을 저질렀다고 죽였어. 52세에 6번째 부인 캐서린 파와의 결혼을 마지막으로 그로부터 3년 후에 사망했어. 아들을 더 낳진 못했고, 유일한 아들 에드워드 6세가 10살에 왕이 되었지만 재위 6년 만에 후사 없이 죽고 말았어.

딸 그것 참, 혈통을 잇기가 어렵네요. 에드워드 다음에는 누가 왕이 되었어요?

아빠 헨리 8세의 첫 부인 캐서린의 딸 메리가 37세에 여왕이 되였어. 그런데 어머니의 영향을 받아 열렬한 가톨릭신자였던 메리는 국교회 사람들에 대하여 엄청난 복수를 했어. 국교회의 설계자 토머스 크랜머를 비롯해 재위 5년간인 1553년부터 1558년까지 동안 300여 명을 화형시켰어. 블러드 메리, 그러니깐 피의 메리라는 말은 그녀를 가리키는 거야. 메리여왕은 자기보다 11살 어린 스페인의 펠리페 2세와 결혼했지만 재위 5년 만인 42세의 나이에 자식 없이 죽고 말았어. 만약 메리가 좀 더 오래 살았다면 지금 영국은 가톨릭의 나라가 되었을 거라고 보는 사람들이 많단다.

딸 기독교는 똑같이 하나님과 예수님을 믿는 종교잖아요. 그런데도 갈등이 이렇게 심각했다는 게 이해하기 어려워요.

아빠 역사적으로 정치권력에 종교적인 신념이 결부되면 정적에 대해 잔인한 박해를 가하는 경우가 많았어. 특히 같은 종교 내 종파 대립은 종교가 다른 경우보다 더 심했어. 기본적으로 신교는 기존 정파에 대한 비판으로부터 시작되고, 구교는 기득권을 지켜야 하기 때문에 비타협적일 수밖에 없지. 그리고 종교적 신념을 가진 사람은 목숨까지 바칠 정도인데, 자신의 신념과 다른 사람을 쉽사리 용서할 수 없겠지. 종교에서는 대체로 절대 진리가 있다고 믿기 때문이야. 그래서 설득과 타협에 의한 국가 의사결정을 지향하는 현대국가에서는 종교와 국가권력의 분리는 민주주의의 가장 기본적인 전제야.

딸　메리여왕도 후손 없이 죽었으면 누가 다시 왕이 되었어요?

아빠　이번에는 헨리 8세와 앤 불린 사이에서 태어난 엘리자베스가 왕이 되었어.

경제부터 문화까지, 영국의 르네상스 시대를 열다

딸　앤 불린의 딸이 왕이 되다니요! 메리여왕이 많은 사람들에게 복수를 했는데, 자기 어머니의 원수였던 앤 불린의 딸 엘리자베스는 해치지 않았어요?

아빠　역사가들은 엘리자베스가 살아남을 수 있었던 것은 주로 그녀의 타협적인 처신 때문이었다고 해. 메리여왕에게 절대적으로 복종하는 태도를 보이고, 가톨릭으로 개종한 것처럼 행동했어. 종교에 관해서 그다지 절대적인 사람이 아니었거든. 메리는 엘리자베스를 런던탑에 가두기도 하는 등 다소 탄압도 했지만 죽이진 않았어. 메리여왕은 사람을 많이 죽였을 뿐만 아니라, 남편인 펠리페 2세로 인해 스페인과 프랑스와의 전쟁에 말려들어 패전하고 프랑스에 남은 마지막 영토 칼레를 빼앗기는 등 국민들에게 인기가 없었어. 그녀의 죽음이 임박해지자 신하들도 모두 엘리자베스 쪽으로 돌아서니, 메리도 그녀를 후계자로 지명하지 않을 수 없었어. 별다른 권력투쟁 없이 엘리자베스가 1558년 25세의 나이에 왕위를 이어받았어.

딸 엘리자베스는 메리처럼 왕위에 올라 복수를 하지는 않았어요?

아빠 엘리자베스가 여왕이 되면서 다시 국교회의 나라로 되돌렸지만, 재임 초기에는 가톨릭에 대해서도 상당히 관용적인 태도를 취했어. 그런데 1570년 이후 교황이 자신을 파문하는 등 몇 가지 사건이 계기가 되어 가톨릭교도들을 탄압하기도 했어. 하지만 이건 종교적으로 복수한다는 의미보다는 반역죄를 물은 측면이 커. 엘리자베스 1세는 70세까지 살았는데, 그 기간은 그녀의 현명한 판단과 정치적인 능력이 빛났던 '영국의 르네상스'로 평가되고 있어.

딸 엘리자베스 1세가 잘했나 봐요. 평생 결혼도 하지 않았다고 들었어요.

아빠 그것부터 정치적인 선택이었어. 다른 나라 왕이나 귀족과 결혼하면 불가피하게 권력을 나눠 줘야 하니까 말이야. 능력 있는 인재를 잘 기용했는데 훌륭한 행정가인 윌리엄 세실이나 1585년 북아메리카에 식민지를 건설한 월터 롤리 경이 대표적이야. 그리고 1600년에는 동인도회사를 설립해 동양 무역의 절대 독점권을 부여했는데, 훗날 19세기 대영제국을 만드는 발판

| 국왕 대관식에서 예복을 입은 엘리자베스 1세 여왕 |

이 되었지. 철저히 실리를 추구해 스페인 선박들을 약탈하는 해적들에게 투자해 거액의 배당금을 받아 왕실 재정에 충당하기도 했어. 해적 대장 프랜시스 드레이크에게 기사 작위를 주기도 했는데, 실제로 스페인 함대가 쳐들어오자 그는 대단한 활약을 했지. 1588년 스페인의 무적함대를 칼레에서 쳐부순 것은 펠리페 2세에게는 큰 타격이었고, 영국은 해상 강국으로 부상하는 계기가 되었어.

딸 해적은 나쁜 세력이잖아요. 왕이 해적에게 투자하고, 해적 대장에게 기사 작위를 주는 게 옳은 일은 아니잖아요?

아빠 옳은 일은 아니지. 실제로 엘리자베스 1세는 스페인에게 사과를 하기도 했어. 하지만 사실 스페인 선박들이 실어오는 물건들은 대부분 남아메리카에서 약탈하고 착취해왔기 때문에 딱히 누가 나쁘다고 말하기 어려운 면이 있어. 그런데 해적 대장을 기사로 임명한 것은 오히려 귀족사회에서 신분을 가리지 않고 능력에 따른 인재기용을 한 것이라고도 볼 수 있어.

딸 그렇게 해서 엘리자베스 1세 시대에 영국이 유럽의 중심국가가 된 거예요?

아빠 아직 그 정도는 아니지만, 정치, 경제, 문화적으로 비약적인 발전을 한 건 사실이야. 영국이 전통적으로 다른 나라들에 비해 왕권이 강한 나라가 아니었는데 그래도 튜더왕조 시대가 절대왕정으로 불리고, 특히 엘리자베스 1세 시대에 왕의 힘이 가장 강했다고 한다. 자신의 왕위를 위협했던 스코틀랜드 여왕 메리 스튜어트의 반란과 측근이었던 에섹스 백작의 반란도 진압했지. 경제적으로는 인구가 많이 늘었고, 식민지 개척이 시작되고, 왕실 재정도 확충되었어. 문화적인 면에서도 독자적인 예술과 문학을 창조해 엘리자베스 1세 시대에 영국의 국민문학이 그 꽃을 피웠어. 세계적인 대문호 윌리엄 셰익스피어가 활약한 시기도 이 때였어. 특이한 점은 그가 런던 근교의 시골마을에서 태어난, 귀족계급 출신이 아니라는 거야. 그런데도 그 정도의 배경지식과 표현력으로 글을 썼다는 것은 엘리자베스 1세 시대에 이미 영국인들이 소도시 중류층까지도 상당한 지적 교양을 갖추었다고 볼 수 있지. 1600년에 성인 남자의 25% 이상, 여자의 10%가 읽고 쓸 수 있었다고 하는데, 이건 주로 국교회가 확립되어 영어로 된 성경이 보급되었기 때문이야. 문자 해독률로 대표되는 지적 수준이 다른 나라에 비해 훨씬 높았다는 건 영국이 비약적으로 발전하는 밑바탕이 됐어. 1700년경에는 문자 해독률이 성인 남자 50%, 여자 25%에 이르게 되었다고 하니 아주 대단하지. 이건 아주 중요한 점이야. 예나 지금이나 시대를 선도하는 나라가 되기 위해서는 국민의 지적 수준이 뒷받침되어야 한단다.

4개의 나라가 모인 한 나라

딸 엘리자베스 1세 다음에는 누가 왕이 되었어요? 결혼도 하지 않았으니깐 후손이 없었을 텐데요.

아빠 스코틀랜드 왕으로 있던 제임스 6세를 데려와 잉글랜드의 제임스 1세로 세웠어.

딸 그게 무슨 말이에요? 다른 나라 왕을 데려다 왕을 시킬 수도 있어요?

아빠 간단하게 설명하면 엘리자베스 1세와 가장 가까운 왕족이었기 때문이야. 제임스 6세의 부모는 잉글랜드 왕 헨리 7세의 후손이자 스코틀랜드 왕 제임스 4세의 후손이었거든.

딸 그런데 잉글랜드와 스코틀랜드는 원래 다른 나라였어요?

아빠 잉글랜드는 앵글로색슨족, 스코틀랜드는 켈트족이 각각 살고 있는 다른 나라였어. 인구가 많고 힘이 강했던 잉글랜드는 자꾸 같은 섬 북쪽에 있는 스코틀랜드를 침공하고 왕위 계승에도 간섭을 하곤 했는데, 스코틀랜드인들은 독립 의지가 강했어. 1996년에 아카데미 작품상을 수상한 〈브레이브 하트〉라는 영화가 있는데, 잉글랜드의 침략에 맞서 싸운 스코틀랜드의 영웅 윌리엄 월리스의 일대기를 다뤘어. 1296년 스털링 다리 전투에서 잉글랜드를 크게 무찌르기도 했지만, 끝내 잉글랜드에 붙잡혀가서 비참하게 죽었어. 훗날 로버트 브루스라는 사람을 중심으로 1314년에 배넉번전투에서 잉글랜드를 크게 물리치고 1328년에 독립을 인정받아 로버트 1세로 왕이 되었어. 스코틀랜드에서는 아직도 윌리엄 월리스와 로버트 브루스가 최고의 영웅이고, 에든버러와 글래스고 사이 약간 북쪽에 위치한 도시 스털링에 가면 그들을 기념하는 건물과 동상이 있어.

딸 그렇게 다른 나라였는데 통일한 거예요?

아빠 로버트 1세 이후로도 스코틀랜드와 잉글랜드는 크고 작게 충돌하기도 하고 왕실끼리 결혼을 시키기도 하는 등 독립된 나라이지만 애증의 관계를 유지해왔어. 그러던 중에 1603년에 스코틀랜드 왕 제임스 6세가 잉글랜드 왕 제임스 1세가 되었다고 했잖아. 이제 잉글랜드는 튜더왕조에서 스튜어트왕조로 바뀌었고, 두 나라는 각각의 왕국을 유지하면서도 왕은 같은 사람이 겸하다가 1707년 앤여왕 시절에 합병되기에 이르렀어.

끊이지 않는 독립의 움직임

딸 그런데 스코틀랜드인들은 아직까지도 자꾸 독립하려고 한다는 말을 들은 것 같아요.

아빠 비록 스코틀랜드의 스튜어트 왕가가 잉글랜드의 왕가가 된 셈이지만 본질적으로는 잉글랜드 왕가의 혈통을 이어가기 위한 것이었고, 두 나라의 합병은 실질적으로 잉글랜드가 스코틀랜드를 복속시키는 형태였어. 그래서인지 합병한 지 300년이 지났건만 스코틀랜드인들은 아직도 잉글랜드인들과 구별되길 바라고 독립하려는 운동도 종종 일어나고 있어. 반면 영국 정부에서는 스코틀랜드를 그대로 유지하기 위해 무척 애쓰고 있어. 예를 들면 엘리자베스 2세 여왕의 손자로 장차 왕이 될 윌리엄 왕자를 일부러 스코틀랜드에서 가장 오래된 세인트앤드루스대학에 보내기도 했어. 그리고 1999년에 스코틀랜드 의회에 자치권을 줘서 지금은 총리와 장관까지 두고 외교와 국방을 제외하고는 자치권을 행사하고 있어. 그런데도 독립운동은 계속되었지. 2014년 분리독립 투표를 했는데 찬성 45%, 반대 55%로 부결되긴 했어. 하지만 2016년에 영국이 국민투표 끝에 51.9%의 찬성으로 유럽연합에서 탈퇴하는 브렉시트를 결의하자 반대의견이 높았던 스코틀랜드에서는 다시 분리독립하자는 운동이 일고 있어. 영국 입장에서는 골치 아픈 문제지.

딸 영국은 스코틀랜드 외에 다른 나라도 합쳐진 국가잖아요?

아빠 맞아. 영국은 잉글랜드, 스코틀랜드, 웨일스, 북아일랜드의 4개 나라가 합쳐진 나라야. 웨일스는 브리튼 섬의 서남쪽 카디프, 스완지 등이 있는 지역인데 이미 헨리 8세 때인 1536년에 잉글랜드에 합병되었어. 그리고 아까 말한 대로 1707년에 스코틀랜드까지 합병해서 그레이트브리튼왕국(GB)이 되었어. 1800년에는 아일랜드 왕국까지 합병해 유나이티드 킹덤(United Kingdom)이 되었어. 그중 아일랜드가 영국으로부터 독립전쟁까지 벌인 끝에 1949년 북아일랜드를 제외하고는 아일랜드 공화국으로 독립했어.

딸 스코틀랜드와 달리 웨일스나 북아일랜드는 독립하려고 하지 않아요?

아빠 신교도가 많은 북아일랜드는 가톨릭교도가 많은 아일랜드 공화국으로 가지 않고 여전히 영국에 남길 원했어. 그런데 아일랜드 공화국군(IRA)이라고 북아일랜드의 독립을 과격하게 주장하는 사람들이 있었어. 1969년 창설된 이래 한동안 전 세계적으로 가장 유명한 무장 테러 단체였어. 아빠 어렸을 적에는 1년에도 몇 번씩 신문 1면을 장식하곤 했어. 다행히 2005년경에 이르러 무장투쟁을 포기한다고 공식 선언했고, 요즘은 북아일랜드나 웨일스에서 독립을 주장하는 목소리가 그다지 높진 않다고 하는구나.

딸　영국은 차분하고 안정된 나라인줄 알았더니, 역사적으로는 복잡하게 얽히고설킨 게 많군요?

아빠　튜더왕조 때의 권력투쟁은 서막에 불과했어. 제임스 1세부터 시작된 스튜어트왕조에서는 세계사를 선도하는 정치적 사건들이 벌어지기 시작했어. 엘리자베스 1세에 이어 왕이 된 제임스 1세는 스코틀랜드의 종교와 기질을 가지고 있었기 때문에 잉글랜드의 의회와 계속 충돌했고, 이는 영국 정치에 큰 소용돌이를 일으켰지. 왕과 의회가 대립해온 과정이 영국 정치의 발전 과정이자 민주주의의 역사라고도 할 수 있어. 이제 왕궁과 국회의사당으로 이동해 어떻게 영국인들이 민주주의를 발전시켜 왔는지 알아보자.

버킹엄궁전과 국회의사당, 빅벤에서

왕이 있는 민주주의국가, 법이 없는 법치국가가 있어요?

버킹엄궁전과 국회의사당, 빅벤에서

버킹엄궁전의 근위병 교대식은 멋지다. 짙은 남색 깃을 단 붉은색 상의에 곰 털로 만든 검은 통모자를 쓴 근위병들은 영국의 상징 중 하나다. 거기에 금빛 투구를 쓰고 칼을 찬 기병대가 윤기 나는 말을 타고 지나가는 것을 보기 위해 수많은 관광객들이 줄을 선다. 이 궁전은 원래 1703년 버킹엄 공작이 저택으로 지었는데, 왕실에서 구입한 후 1837년 빅토리아 여왕이 공식 거처를 이전하면서 영국 왕실의 집무실과 런던의 거주지가 되었다.

템스강 강변으로 발길을 옮기면 런던의 랜드마크인 국회의사당이 나타난다. 고풍스러운 신고딕 양식의 건축물로 길이가 265m에 방이 1,000개가 넘는다. 관광객들에게는 그 동쪽 끝에 있는 96m 높이의 대형 시계탑이 특히 유명하다. 1859년 당시 건설 책임자였던 벤자민 홀 경의 거대한 몸집을 빗대 '빅벤'으로 불렸는데, 2012년 엘리자베스 2세의 즉위 60주년을 기념해 엘리자베스 탑으로 이름을 바꿨다.

오늘날 민주주의사회에서 권력 없이 존재하는 왕이 시대착오적이라고 비판하는 사람들도 있지만, 영국에서는 왕정을 지지하는 여론이 압도적이다. 현존하는 왕의 이미지를 떠올릴 때 많은 사람들이 영국의 엘리자베스 2세 여왕을 생각한다. 1952년 25세의 나이에 즉위해 제2차세계대전 이후 영국이 어려웠던 시기에도 비교적 현명한 처신으로 국민의 구심점과 국가의 상징 역할을 충실히 해왔다는 평가를 받는다.

왕실에서 쓰는 연간 활동비는 700억 원이지만, 국가이미지 제고나 관광사업 기여 등 브랜드 가치를 돈으로 환산하면 440억 파운드, 한화로 약 62조 원에 이른다고 하니 영국의 군주제는 경제적으로도 존재가치가 있는 셈이다.

아이들은 왕과 의회와 국민이 조화롭게 공존하는 영국식 민주주의를 쉽사리 이해하지 못했다. 아마도 앞서 본 역사의 유적들이 대부분 왕과 주변 인물 또는 국민들이 권력을 두고 다투는 피비린내 나는 투쟁과 연관되어 있었기 때문인 것 같다.

버킹엄궁전

5장

왕이 있는 민주주의국가, 법이 없는 법치국가가 있어요?

영국은 민주주의국가일까

딸 아빠, 영국이 민주주의국가가 맞아요?

아빠 왜 그런 질문을 할까. 영국은 근대적인 의미의 민주주의를 선도적으로 발전시켜온 나라야. 지금도 모범적인 민주주의국가를 말할 때 흔히 영국을 꼽는걸.

딸 민주주의는 국민이 나라의 주인이란 뜻이잖아요. 근데 영국은 왕국이잖아요. 왕이 나라의 주인이니까 왕국이라고 하는 것 아니에요?

아빠 영국의 정식 국호가 그레이트 브리튼과 북아일랜드 연합 왕국(The United Kingdom of Great Britain and Northern Ireland)이고, 실제로 왕을 국가의 원수로 인정하고 있어. 그리고 왕이나 귀족에게 약간의 권한과 특권이 보장되기도 하지만, 영국이 민주주의국가가 아니라고 말하는 사람은 없어. 영국은 급진적인 혁명을 거치지 않고 기존의 제도를 되도록 유지하면서 점진적으로 민주주의를 발전시켜 왔어. 언뜻 보기에 현대 민주주의사회에 어울리지 않을 것 같은 제도를 두고 있지만, 전통적인 제도를 시대에 맞춰서 합리적으로 운용해 실질적인 민주주의를 구현하고 있단다.

딸 민주주의 기본 원리가 주권이 국민에게 있다는 거잖아요. 우리나라 헌법 제1조에서 '대한민국은 민주공화국이다. 대한민국의 주권은 국민에게 있고, 모든 권력은 국민으로부터 나온다'라고 명시해놓았고요. 영국은 헌법에 뭐라고 되어 있는데요?

아빠 영국에는 우리나라처럼 그렇게 선언한 헌법전이 없어. 그래도 국가의 주인이 국민이라는 점은 누구나 인정해. 왕 스스로도 그것을 자연스럽게 받아들여 국민의 대표인 의회를 존중하고 정치적인 권력을 행사하려고 하지 않아. '왕은 군림하지만 통치하지 않는다'라는 오랜 관행은 명문화되어 있진 않지만 헌법적인 효력을 갖는다고 해. 그래서 영국을 두고 '왕관을 쓴 공화제'라고도 하지.

글로 써 있지 않은 법도 있어요?

딸 영국에 헌법이 없다고요? 민주주의국가에서 헌법이 없는 나라도 있어요?

아빠 헌법이 없는 것이 아니라, 우리나라의 '대한민국 헌법'처럼 성문화된 단일 헌법전이 없다는 거야. 헌법의 기능을 하는 몇 가지 성문화된 법이나 선언들이 있고, 굳이 이렇게 문언으로 구체화하지 않아도 헌법적 가치를 갖는 관습이나 사상같이 자신들만의 약속이 있어. 단일 헌법전이 없다는 의미에서 영국을 '불문법 국가' 또는 '불문헌법 국가'라고 하지.

딸 불문법이라고요? 법이 글로 써 있지 않으면 무엇이 법인지 어떻게 알 수 있어요?

아빠 영국에서는 1215년의 대헌장이나 1628년의 권리청원, 1689년의 권리장전 같은 역사적 선언이나 사람의 인권에 관한 보편적인 원리나 사상이 헌법적인 효력을 지녀. 요즘은 성문화된 법을 만들지만 민법, 상법 등 기본법은 대부분 단일 법전이 없어. 그러니까 불문법 국가는 의회에서 만든 법이 없는 경우 법원이 기존의 판례나 관습, 성문화된 관련 규정을 종합해서 이를 법이라고 선언해 실제 사건에 적용하는 거지.

딸 법원에서 무엇이 법인지를 판단하고 선언하는 경우가 많으면 판사들의 힘이 강하겠네요?

아빠 영국에서 법관들의 사회적 지위는 매우 높다고 알려져 있어. 고위 법관들은 대부분 귀족이고, 일반 법관들도 귀족에 준하는 칭호를 받고 연봉도 높아. 하지만 영국인들은 이로 인해 권한의 범위나 재량의 여지가 커진다고 생각하지는 않는 것 같아. 오히려 의회가 사법부나 행정부까지 포괄하는 강력한 권력을 지닌다는 게 일반적인 의견이야. 신분 높은 귀족이나 사법·행정 관료들도 모두 국민의 대표인 의회 아래에 있다는 게 영국인들의 확고한 소신이라는구나.

삼권분립이 없어도 민주주의가 되는 나라

딸 입법부, 행정부, 사법부의 삼권분립이라고 학교에서 배웠어요. 원래 엄격하게 분리되어 서로 견제와 균형을 이루어야 민주주의가 발전한다고 그랬는데…….

아빠 근대적 의미의 권력분립은, 영국의 경험론 철학자 존 로크가 행정과 입법의 이권분립을 주장했고, 『법의 정신』의 저자인 프랑스의 사상가 몽테스키외가 입법, 행정, 사법권의 삼권분립을 주장한 것이 대표적이야. 엄격한 삼권분립이 현실에 구현된 것은 1787년에 만든 미국 헌법에서부터야. 기본적으로 권력에 대한 불신이 철학적 배경으로 깔려 있어. 권력은 제도적으로 통제

될 수 있을 뿐 권력자의 의지에 따라 스스로 자제하길 기대할 수는 없다는 것이지. 미국을 건국하면서 왕정을 대체한 대통령제는 일종의 새로운 발명품이라고 할 수 있어. 대통령을 국민이 뽑고 임기도 제한했지만, 그래도 왕의 권력을 그대로 줄 수는 없다고 생각한 거야. 그래서 예전에 왕이 모두 가지고 있던 국가의 권력을 크게 3가지로 나누었어. 법을 만드는 입법권은 국회에, 법을 현실에 적용하는 행정권은 대통령에게, 옳고 그름을 판단하는 사법권은 법원에 준 거야. 그리고 서로 견제하고, 잘못을 통제할 수 있는 여러 장치들을 만들었어.

딸 그런데 영국은 삼권분립이 이루어지지 않았다는 거예요?

아빠 영국은 전제 자체가 좀 달라. 왕이 아직까지 존재하고 그 왕의 권력을 의회가 고스란히 대체했기 때문에 권력을 인위적으로 나눠 엄격하게 분리하려고 하지 않았어. 영국의 민주주의를 말할 때 흔히 국민주권과는 구별되는 '의회주권'이라는 용어를 쓰기도 해. 하지만 이것도 궁극적으로는 국민의 대표로 구성된 의회가 주권을 갖는다는 뜻이니깐 국민이 국가의 주인이지.

딸 영국도 법을 만드는 의회 말고도 행정부나 사법부가 따로 있을 텐데요?

아빠 그렇긴 한데 미국이나 우리나라와는 많이 달라. 행정부의 수반인 총리는 하원 다수당의 대표가 맡고, 내각의 장관들 역시

| 영국 의회 회의장의 모습 |

모두 하원 또는 상원의 의원들로 구성되니까 행정부 역시 의회에서 비롯된 기관이야. 실제로 내각은 의회에 대하여 책임을 지고, 의회의 신임을 잃으면 총사퇴하게 되니까 의회의 힘이 압도적이라고 할 수 있어. 그리고 중세 이래로 영국의 상원 의장은 사법부의 1인자를 겸했고, 그 아래 수석 대법관이 2인자가 되어 12명의 종신 상원 의원이 대법관 역할을 했어. 그러니까 법원 역시 의회의 하부 기관 내지는 소속된 기관이었던 셈이야. 그러다가 2005년에 만든 헌법개혁법에 의해 2009년에서야 비로소 대법원을 의회에서 독립시켰어.

딸 입법부와 사법부, 행정부가 그렇게 서로 섞여 있기도 하고,

의회만 힘이 세면 그게 민주주의국가 맞아요? 의회가 잘못을 하면 그걸 누가 통제해요?

아빠 이를테면 국회에서 헌법에 위반되는 법률을 만든 경우, 미국이나 우리나라는 사법부에서 위헌이라고 선언해 무효화할 수가 있어. 하지만 영국에서는 제한된 경우 외에는 사법부가 의회에서 만든 법률을 무효라고 선언할 권한을 가지고 있지 않아. 이건 국민의 대표로 구성된 의회가 국민의 자유와 권리를 침해하는 입법을 할 리 없다는 신뢰에서 비롯되었지. 잘못에 대한 통제 역시 의회 내부에서 대화와 타협 또는 다수결에 승복하는 전통을 통해서 자율적으로 해낼 수 있다는 믿음이 있는 것이지.

딸 국회에서 서로 싸우다가 해결하지 못하는 부분도 있지 않을까요?

아빠 만약 국회에서 자율적인 해결이 불가능하거나 국회의 입법을 행정부인 내각에서 도저히 받아들일 수 없는 경우가 생기면 총리가 국회를 해산하고 선거를 통해 국민들의 의사를 물어 문제를 해결하는 방식을 택하곤 해. 영국도 총리의 의회해산권이 자주 행사되는 식으로 행정부의 권한이 강해지는 추세긴 해. 그리고 영국의 최고법원이 의회에 소속되어 있던 시절에도 법관들이 권력에 영합하는 판결을 했다고 비판받은 경우는 거의 없었고, 앞서 보았듯이 사법부도 이제 형식적으로까지 독립을 했어.

오늘날 삼권분립을 문제 삼아 영국의 민주주의를 의심하는 견해는 거의 없는 것 같구나.

800년이 지나도 유효한 대헌장

딸 영국의 의회는 어떻게 해서 그렇게 큰 힘을 갖게 되었죠?

아빠 왕권에 대항하여 자유를 쟁취하는 오랜 투쟁을 언제나 의회가 주도해 승리해왔다는 역사적 경험이 있어. 의회는 국민들의 편이라고 믿고, 국가적인 갈등 상황에서도 늘 의회 안에서 대화와 타협 또는 권력투쟁을 통해 가장 원만한 해결책을 찾아왔다는 자부심이 있지. 영국의 의회주권은 자신들이 뽑은 대표, 정치인이나 지도자에 대한 믿음이 전제되지 않고서는 형성될 수 없어. 의회에서 개별적인 정치적 쟁점에 대한 논쟁이 영국만큼 치열한 나라도 없어. 그래서인지 국민들도 권력에 대한 실질적인 견제와 균형이 의회 안에서 이루어진다고 믿고, 의회에서 논쟁 끝에 내린 결론을 수긍하는 정치문화가 형성되어 있어. 후발 민주주의국가에서는 쉽사리 흉내 내기 어려운 제도이자 기대하기 어려운 현상이지.

딸 영국도 처음부터 그렇지 않았죠? 앞에서 말한 역사적 경험이란 것들이 무엇이에요?

| 1215년에 작성된 대헌장은 민주주의 시초로 평가받고 오늘날까지 효력을 미치고 있다 |

아빠 영국의 민주주의를 이야기할 때 맨 처음 거론되는 게 1215년의 대헌장이야. 중세시대였지만 민주주의의 매우 중요한 몇 가지 원칙들이 포함되어 있어 민주주의의 시초라는 평가를 받아. 그 내용이 시대에 따라 새롭게 해석되면서 오늘날까지도 영국, 나아가 전 세계에 영향을 미치고 있단다.

딸 대헌장은 많이 들어본 것 같아요.

아빠 마그나카르타(Magna Carta)라고 하는데, 여기서 유래해서 어느 분야에서든 가장 기본이 되는 중요한 원칙을 대헌장이라고 부르곤 한단다. 1199년에 왕이 된 존이 실정을 거듭했어. 전쟁마다 져서 프랑스에 있던 노르망디 영토도 빼앗기고, 귀족이나 영주들에게는 과도한 세금을 부과하기도 해서 원성이 자자했지. 결국 1215년에 귀족과 영주들이 연합해서 반란을 일으켰어. 반란군에 굴복한 존 왕은 후에 '영주들의 헌장'으로 불린 개혁안에 어쩔 수 없이 서명했는데, 나중에 63개 조항으로 분류될 만큼 구체적이었어.

딸 그게 800년이 지난 지금까지도 영향을 미친다고요?

아빠 당시로는 모두 중요한 내용을 담은 약속들이었지만 그중 특히 2개의 조항이 유명해. '오래된 관습으로 인정된 것 외에는 국왕이 모든 영주들로 구성된 회의의 동의 없이 세금(군역세 또는 봉건원조)을 징수하지 못한다'는 조항(제12조)과 '자유민은 그와 동등한 자의 적법한 판정이나 국가의 법률에 의하지 않고는 체포·구금·추방되거나 재산이 박탈되지 않는다'는 조항(제39조)이야. 제12조는 의회의 동의 없이는 세금을 징수할 수 없다는 '대표 없이 과세 없다'는 원칙으로 발전했고, 제39조는 나중에 사법권의 독립과 배심제, 적법절차의 원칙 같은 헌법과 형사소송법의 기본 원칙으로 자리 잡았어. 그런데 구체적인 내용보다 더 중요한 게 함축성이야. 왕도 신하나 국민과의 약속을 지켜야 한다는 것이고, 법의 지배 아래 있음을 확인해 입헌군주제의 기반이 되었다는 평가를 받고 있지.

딸 그 후에 영국의 왕들은 대헌장을 지켰어요?

아빠 왕들이 처음부터 자발적으로 지켰을 리가 없지. 당장 존 왕부터 대헌장이 강요에 의해 작성되어서 효력이 없다고 주장했어. 하지만 다음 해에 바로 죽었고, 그 아들 헨리 3세가 또 대헌장을 무시했어. 귀족들이 반란을 일으켜 왕을 잡고, 그 지도자인 시몽 드 몽포르가 의회를 소집해 정치를 주도했어. 1265년의 그 의회에는 귀족과 고위 성직자뿐만 아니라 지방의 대표들인 평민을 참석시켰기 때문에 이것이 영국의 하원, 진정한 의회의 시초라고 평가받고 있단다. 시몽은 지금까지도 영국 의회의 아버지로 불리지. 그 후로는 1295년의 '모범의회'처럼 왕들이 세금을 거두기 위해서는 의회를 꼭 소집했고, 의회는 그 기회에 왕에게 여론을 전달하면서 무난하게 이어졌어. 그래서 17세기에 이를 때까지는 사실 대헌장 자체의 존재는 거의 잊히고, 대헌장에 표방된 정신과 의회의 전통만 계속 남았다고 해.

딸 영국에서는 왕의 힘이 다른 나라에 비해 강하지 않았다는 뜻인가요?

아빠 사실 유럽에서 지방 영주나 성직자들에게 권력이 분산되어 있었던 중세에는 어느 나라나 왕의 힘이 그다지 강하지 않았어. 그런데 근대, 시기로 따지면 15세기경부터 왕 중심으로 중앙집권화가 이루어지고 차츰 절대왕정으로 나아가게 되거든. 그런데도 영국은 여전히 왕의 힘이 그다지 커지지 않았다고 해.

딸 영국에서 유난히 왕의 힘이 크지 않았던 이유가 뭘까요?

아빠 학자들의 견해는 일단 섬나라라서 외적을 막을 군대를 크게 키울 필요가 없었기 때문에 왕의 힘이 되는 상비군, 특히 육군이 별로 없었다는 거야. 그에 비해 프랑스 같은 나라는 평시에도 군대를 충분히 둘 필요가 있었기 때문에 왕의 힘이 훨씬 강해질 수 있었어. 해군이야 평소에는 상선으로 활용되었기 때문에 왕에게는 그다지 힘이 되지 않았어. 그리고 왕으로부터 보수를 받는 신하들이 적고 대부분 자신의 영지를 가지고 있었기 때문에 왕에게 충성스러운 관료들도 다른 나라보다 적었지. 그래서인지 왕이 무능한 모습을 보이거나 잘못된 행동을 하면 신하들이 저항하고 서로 대립하다가 왕이 굴복한 경우가 종종 생겼어.

청교도가 일으킨 혁명

딸 왕이 신하들에게 굴복하면 어떻게 되었어요?

아빠 앞의 존 왕처럼 신하들의 요구를 수용하고 왕위를 지키는 경우도 있었지만, 왕을 아예 다른 사람으로 교체하거나, 왕을 죽이기도 했어.

딸 영국은 비교적 큰 혼란 없이 원만하게 민주주의가 발전해 온 나라잖아요. 그런데 왕을 죽인 일이 있었다고요?

아빠 영국이 다른 나라에 비해 급격한 정치적 변동이 적었다지만, 그건 의회의 주권이 확립된 이후야. 영국인들은 프랑스혁명보다도 150년 전에 이미 왕을 죽인 경험이 있어. 엘리자베스 1세가 죽은 후 튜더왕조가 끝나고, 스코틀랜드에서 온 제임스 1세가 1603년에 왕이 되어 스튜어트왕조가 시작되었다고 했잖아. 그런데 제임스와 그 아들 찰스는 세금뿐만 아니라 국정의 주요문제에 대해 의회의 동의를 받는 영국의 물정을 잘 몰랐어. 단지 절대왕정을 펼치려고 의회를 해산시키고 11년간이나 소집하지 않는 식으로 신하들과 대립했지. 찰스 1세는 스페인이나 스코틀랜드와 벌인 전쟁에도 져서 세금을 과도하게 거두어야 했고, 자신이 1628년 서명한 '권리청원(The petition of right of 1628)'도 지키지 않았어. 결국 의회와 전면적으로 대립하다가 내전이 일어났고 의회파에게 패배해서 '청교도혁명'이라는 역사적 사건의 희생자가 되고 말았단다.

딸 청교도는 많이 들어본 것 같아요. 미국에 메이플라워호를 타고 건너간 사람들이잖아요?

아빠 청교도는 16세기에서 17세기 사이에 영국에서 기존 로마 가톨릭에 저항해 엄격한 도덕률과 금욕주의를 주장하며 성경의 기본원리로 돌아가자고 한 신교도들이야. 루터주의, 칼뱅주의 등 여러 분파가 있었지만 통칭해서 기존에 기독교를 정화한다는 뜻에서 '청교도'라고 불렀어. 청교도들은 영국 국교회가 비록 교황으로부터는 독립했지만 가톨릭적인 잔재를 많이 가지고 있다는 점을 비판했어. 왕을 인정하긴 하지만 종교 아래 있다는 태도를 보여 왕권신수설을 주장한 제임스 1세로부터 상당한 박해를 받았어. 1620년에는 종교적인 자유를 찾아 메이플라워호를 타고 간 100여 명의 청교도들이 현재의 미국 매사추세츠주 플리머스에 정착해 공동생활을 시작했어. 필그림 파더스라고 불리는 이들은 종교적인 경건함과 민주주의를 선언한 메이플라워 서약과 추수감사절의 전통을 남긴 미국인들의 정신적인 선조지. 영국에서도 비록 왕이 못마땅해하기는 했지만, 청교도들은 낭비와 사치를 배격하고 근면과 성실을 강조했기 때문에 자연스럽게 영국의 중산층을 형성하게 되었고, 의회 내에서도 상당한 세력을 차지하게 되었어.

영국에서 공화정을 한 적이 있다고요?

딸　청교도들이 혁명을 일으켜 자기들이 원하는 새로운 왕을 세웠어요?

아빠　아니야. 영국 역사상 유일하게 공화제를 했어. 청교도의 지도자 올리버 크롬웰이 철갑기병대를 이끌고 왕당파를 상대로 한

내전에서 승리했어. 1649년에 찰스 1세에게 반역죄를 물어 재판 끝에 처형하고, '잉글랜드 연방'이라는 공화국을 표방했어. 아빠가 배울 때는 이를 '청교도혁명'이라고 불렀는데, 요즘 들어서는 1642년부터 1651년 사이에 3차례에 걸쳐 벌어진 내전에 주목해 영국내전 또는 영국시민전쟁이라고 하기도 해.

딸 영국의 공화제는 아주 낯설어요.

아빠 얼마 가지 못했기 때문이야. 유감스럽게도 독실한 청교도였던 크롬웰은 1653년 절대권력자인 '호국경' 자리를 차지하고 오히려 비타협적인 정책으로 왕보다 더한 독재를 했다는 평가를 받아. 극단적 청교도였던 크롬웰은 모든 국민들에게 자기와 같은 정도의 종교적 순수성을 강요했어. 예를 들면 놀이, 연극, 도박, 술집 같은 것을 모두 금지시켰어. 그리고 의회를 여러 차례 소집했다 자기 뜻에 안 맞으면 해산하고, 의회파 중 온건파였던 장로회가 주를 이룬 스코틀랜드와 가톨릭이 다수이던 아일랜드에서 일어난 반란을 진압한다고 대규모 살육을 벌였어. 특히 아일랜드에서는 아직까지도 크롬웰을 악마의 화신으로 생각한다지.

딸 프랑스의 로베스피에르나 영국의 크롬웰처럼 기존의 왕을 처형한 사람들이 오히려 더 심한 독재자가 되는 이유가 뭘까요?

아빠 글쎄, 아빠 생각에는 지나치게 비타협적인 신념을 가진 사람들이라서 그런 것 같다. 기존의 권위를 부정한다는 의미에서

| 청교도혁명 후 공화정의 호국경이 된 올리버 크롬웰 |

왕을 처형하는 극단적인 선택을 했기 때문에, 반대파를 억누르고 일사불란한 혁명세력을 유지하려면 권력을 강화할 수밖에 없겠지. 그런데 권력에 특히 종교적인 신념이 결부되면 정치적 태도나 생각의 차이를 단지 견해의 대립이나 발전을 위한 비판으로 받아들이지 못해. 이들은 선택의 상황에서 늘 옳고 그르다는 이분법적 잣대로 재고, 자신의 신념을 목숨을 걸고 지켜야 할 가치로 생각하기 때문에 이렇게 극단적인 결과를 초래할 수도 있단다.

다시 왕정으로 돌아가다

딸 결국 다시 왕정으로 돌아간 것이죠?

아빠 크롬웰이 호국경이 된 지 5년 만인 1658년에 사망하고 그의 아들 리처드가 자리를 이어받았지만, 민심은 이미 떠난 후였어. 장로파를 중심으로 하는 의회의 반크롬웰 세력이 찰스 1세의 아들인 찰스 2세를 불러들여 1660년에 왕으로 옹립했어. 10여 년 만에 다시 왕정이 복고된 거야.

딸 찰스 2세는 아버지를 죽인 사람들에게 복수했겠는데요?

아빠 그러려고 했지. 하지만 자신을 데려다 왕으로 세운 세력이 의회였기 때문에 의회의 힘을 무시하고 절대권력을 행사하진 못했어. 찰스 2세가 가톨릭을 옹호하고 전제정치를 하려 하자 의회는 국가의 공직을 맡은 사람은 국교도에 한한다고 정한 1673년 심사율과 왕이라도 적법한 절차에 의하지 않고는 국민을 체포·감금하지 못한다는 1679년 인신보호율을 제정해 대항했어. 이 무렵 의회 내에 왕을 옹호하는 토리당과 의회를 존중하는 휘그당이 생겨 대립한 것이 영국 정당정치의 유래가 되었다고 해.

딸 왕정으로 돌아가긴 했는데, 의회의 힘이 강해졌고, 의회 안에서도 세력이 나뉘어 정당정치를 했다는 것이죠?

아빠 그렇지. 그 와중에 찰스 2세가 사망하고 적자가 없어 동생 제임스 2세가 왕위에 올랐는데 공교롭게도 그는 가톨릭신자였어. 다시 가톨릭교도를 요직에 앉혀 심사율을 위반하고, 인신보호율을 폐기하는 식으로 전제정치를 강화하려고 했어. 이에 대항해 의회에서 서로 나뉘어 있었던 토리당과 휘그당이 힘을 합쳐 1688년 제임스 2세를 폐위하고 그의 딸인 메리와 네덜란드인 남편 윌리엄을 왕으로 추대했어. 그러자 제임스 2세는 별다른 저항도 하지 않고 프랑스로 도주해버렸어. 1688년 메리와 윌리엄 3세는 유혈사태 없이 공동으로 왕위에 올랐는데, 이를 '명예혁명(Glorious revolution)'이라고 부른단다. 이어서 1689년에 왕들은 의회가 제정한 '권리장전(The bill of rights)'이라는 역사적인 문서에 승인하게 되지.

피를 흘리지 않은 명예혁명

딸 프랑스혁명이나 청교도혁명에 비해 되게 조용하네요? 별다른 충돌도 없이 왕이 바뀌었을 뿐인데 혁명이라고 할 수 있어요?

아빠 정치적 변화가 매우 컸기 때문이야. 역사적으로 중요한 의미가 있거든. 명예혁명부터 혁명이란 말이 정치적으로 확실히 자리매김했어. 그런데 서구권에서는 혁명이라는 단어가 원래 코페르니쿠스의 '천체궤도의 운행'이라는 천문학 용어에서 유래된 것이었기 때문에 본래의 궤도로 복귀한다는 의미가 강했어. 그래서 17세기와 18세기 초반까지 사용한 혁명이라는 말은 지금과는 상당히 다르게 인식되었지. 명예혁명 같은 변화는 왕의 전제정치를 바로잡아 기존에 의회에게 약속한 올바른 정치로 돌아간다는 의미에서 이 말을 붙이는데 손색이 없었어.

딸 전에 프랑스혁명에서는 전 사회적으로 급격한 변화를 초래하는 것이 혁명이라고 했는데, 명예혁명 당시에는 오늘날의 쓰임새와는 많이 다른 것 같네요. 그런데 명예혁명이나 권리장전이 그렇게 중요한 이유가 뭔데요?

아빠 권리장전의 내용을 보면 알 수 있어. '의회의 승인 없이 법을 제정하거나 법의 효력을 정지시킬 수 없다. 의회의 승인 없이 세금을 거둘 수 없다. 의회의 승인 없이 상비군을 유지할 수 없다. 의회의 선거는 자유로워야 한다. 의회 내에서의 토론이 자유로워야 한다. 의회는 자주 소집되어야 한다. 법은 공정하고 적절하게 운영되어야 한다'와 같이 권리장전은 명실상부하게 왕권을 제약하고 의회의 우위를 확인하는 문서라 할 수 있어. 법의 집행을 정지할 수 있는 왕의 특권을 폐지했고, 왕의 우선권이 '의회 안의 왕'으로 대체된 거야. 이젠 군대의 통수권도 의회가 장악했고, 의회는 3년마다 정기적으로 소집하도록 정하기도 했어. 한편으로는 관용법을 제정해 비국교도에게도 종교의 자유를 허용하기도 했는데, 영국에서는 명예혁명 이후로 의회주권을 확립했다는 게 일반적인 평가야. 권리장전에서 명시적으로 밝힌 내용들은 그 하나하나가 무척 중요하고, 실질적으로 효력을 발휘했어. 훗날 미국 독립선언문이나 프랑스 인권선언 등 중요한 정치적 선언에 영향을 끼치기도 했단다.

정치적 혼란 없이 민주주의가 발전할 수 있었던 이유

딸 이렇게 해서 영국에서는 정치가 안정되고 커다란 혁명은 다시 발생하지 않았어요?

아빠 그렇다고 할 수 있어. 점진적인 개혁만 이루어졌을 뿐 혁명적인 변화가 거의 없었어. 의회의 우위가 확립되어 왕과 의회가 좀처럼 싸우질 않게 되었어. 메리와 윌리엄에겐 후사가 없었고 제임스 2세의 작은딸 앤이 왕이 되었는데 앤여왕 이후에는 양원이 통과시킨 법에 대해 왕이 거부권을 행사할 수 없게 되었고, 출판, 언론, 양심의 자유 등이 보장되었어. 18세기에 잉글랜드는 자유의 나라라고 불렸다고 하지.

딸 어떤 의미에서 자유가 있었던 걸까요?

아빠 다른 나라에서는 19세기에나 겨우 실현된 정치적 권리들이 영국에선 17~18세기에 상당 부분 실현되었기 때문이야. 아직 전체 국민의 보통선거권이 확립된 시기는 아니었지만, 의회

| 영국의 민주주의를 상징하는 국회의사당 |

는 기본적으로 중산층까지의 의사를 대변하는 기관이었어. 물론 토리당과 휘그당의 갈등은 있었지만 발전적인 경쟁이었어. 스코틀랜드와 합병이 이루어진 것도 앤여왕 시절인 1707년이야. 앤여왕에게 후사가 없자 의회는 1701년 왕위계승법을 통과시켜 계승순위를 법으로 정했는데, 이건 지금까지도 헌법적 효력을 가지고 있어. 왕위계승법에 따라 제임스 1세의 손녀의 아들인 독일의 하노버공이 1714년 조지 1세로 왕위를 계승했는데, 그는 영어조차 몰랐기 때문에 정치를 완전히 의회에 맡겼어. 의회에서 다수를 차지한 정당이 내각을 조직해 의회를 책임지고 정치를 하는 책임내각제가 이 무렵 정착된 것으로 본단다. 특히 로버트

월폴은 휘그당을 이끌고 1721년부터 20여 년 동안 수석장관직을 유지해서 영국의 초대 수상으로 간주돼.

딸 다른 나라와 달리 영국에서는 비교적 커다란 정치적 혼란 없이 민주주의가 발전해온 이유는 무엇일까요?

아빠 아까 말했듯이 중세 이후로 왕의 힘이 커지기 어려운 환경이었고, 일찌감치 의회가 왕에 비해 우위를 차지해 주도권을 장악했어. 그리고 늘 지도자들이 융통성을 발휘해 혁명의 욕구가 생기기 전에 선도적인 개혁을 해왔어. 영국이 대단한 점은 혁명을 겪지 않았다는 점이 아니라 정치, 경제, 사회, 문화 등 다방면에 걸친 혁명적인 변화들을 폭력에 의하지 않고 체제 안에서 해결했다는 것이야. 18세기 이후로 영국이 산업혁명과 자본주의를 발전시키고, 제국주의로 나아가 '해가 지지 않는 나라'라고 불릴 정도로 최강국이 된 건 정치적 안정이 뒷받침되었기 때문이야. 정당 간의 경쟁을 통해 가장 효율적인 방법을 찾아왔기 때문에 가능했지.

빅토리아여왕의 해가 지지 않는 나라

딸 영국이 '해가 지지 않는 나라'라고 하는 말을 많이 들었어요. 영국이 정말 그렇게 대단한 나라였어요?

아빠 영국은 16세기 튜더왕조 시대부터 해외 영토를 개척하기 시작해 제국주의로 나아갔는데 최대로 전 세계 땅의 1/4과 총인구의 1/4인 5억 명을 지배할 정도로 가장 많은 식민지를 거느린 나라였어. 대체로 빅토리아여왕의 재임시절인 1837년부터 1901년이 대영제국의 전성기였고, 1920년경에 최대로 팽창했어. 해가 지지 않는 나라라고 불린 이유는 지구 곳곳 50개 이상의 나라가 식민지였기 때문에 영토의 어느 곳에서든 항상 해가 떠 있었기 때문이야. 식민지는 애초에는 귀중한 것을 빼앗아 오는 식으로 운영되기도 했고, 미국처럼 본국인을 이주시켜 개발하는 방식도 있었어. 영국은 식민지 지배방식이 좀 노련해지면서 다른 나라보다 비교적 합리적으로 운영해 식민지 자체의 발전에도 꽤 도움을 주었다는 평가를 받기도 한단다.

딸 우리나라가 일본을 생각하는 것과는 달리 영국의 지배를 받았던 나라들은 영국을 미워하지 않고 오히려 자랑스러워하기도 한다는 말을 많이 들었어요.

아빠 그런 면에서 영국이 참 대단한 나라지. 지금까지도 영국의 지배를 받았던 나라 54개국이 영연방을 구성해 영국의 전통을 공유하고 동질성을 과시하고 있을 정도니 말이다. 심지어 캐나다, 호주, 뉴질랜드는 명백히 독립된 국가고, 선진국으로 인식되는 나라들인데도 불구하고 아직도 엘리자베스 2세를 국가원수

| 영국의 전성기를 이끈 빅토리아여왕 |

로 삼고, 총독도 두고 그 아래 총리가 정치를 하는 형식을 취하고 있어. 영국의 여왕이나 왕족들이 그 나라들을 가끔 방문하면 열렬히 환영하는 모습을 보면서 많은 생각이 들지. 영국이 분명 자신들의 이익을 위해 그런 나라들을 식민지배했겠지만, 단순히 수탈하고 착취만 한 게 아니라 국가의 틀을 세우고 영국식의 선진문화를 접목시키는 역할을 상당히 했지. 일본도 그런 식으로 주장하지만 우리는 전혀 그렇게 생각하지 않잖아.

딸　맞아요. 일본의 천황이 우리나라에 와서 환영받는다는 것은 상상할 수 없어요. 그러고 보니 영국인들이 대단하네요.

아빠　많은 나라가 역사의 비극적 경험을 많이 간직하고 있는 반면, 영국인들은 성공적인 경험을 주로 기억하고 그에 따른 자부심이 아주 크다고 한다. 그렇다고 해서 자본주의와 제국주의를 선도한 영국의 역사가 늘 바람직했다거나 영국이 식민지배한 나라들을 항상 신사적으로 대했다고 할 순 없어. 특히 20세기 전반에 걸쳐 나타난 세계적인 분쟁과 극단적인 대립의 원흉이 영국이라고 말하는 이들도 많거든. 이건 차차 산업혁명과 세계대전을 이야기할 때 다뤄보자.

리버풀과 맨체스터에서

산업혁명이 번영과 함께 비극을 가져왔다고요?

리버풀과 맨체스터에서

잉글랜드 북서부 항구도시 리버풀은 1800년대 세계 물동량의 절반이 거쳤을 만큼 번성했고, 20세기 초 대영제국 제2의 도시로 런던보다 더 부유한 지역으로 알려졌다.

리버풀에서 동쪽으로 50km 떨어진 맨체스터 일대는 산업혁명 당시 영국의 최대 공업지역이었다. 산업혁명을 주도한 것은 면직물 공업이었고, '면의 도시'라고 불리던 맨체스터는 20세기 초반까지 세계 제조업의 중심지이자 인구 밀집 지역이었다.

1830년 리버풀에서 맨체스터를 오가는 철도가 개통되면서 본격적인 기차여행 시대가 시작되었고, 1840년 최초의 증기선이 리버풀에서 출항한 이후 유럽과 미국을 연결하는 주요 항구가 되었다. 그러나 20세기 후반 들어 영국 경제에서 공업의 비중이 감소하고, 미국이나 아프리카와의 교역이 줄면서 현재는 다소 쇠락한 곳이다.

오늘날 리버풀과 맨체스터는 예전의 영광보다는 명문 축구팀과 록밴드 비틀즈, 그리고 2000년대 들어 활기를 되찾은 금융이나 언론, 연구소 등으로 더 유명하다. 7만여 명을 수용할 수 있는 맨체스터 유나이티드의 홈구장에 가면 현대 대중 스포츠 문화의 위용을 실감할 수 있다. 특히 박지성이 활약하던 시절 라커룸에는 그의 얼굴 사진이 큼지막하게 걸려 있어 한국인이라는 자부심을 느끼기도 했다.

산업혁명은 세계사에 커다란 획을 그은 사건이다. 인류의 역사와 함께

했던 생산력의 문제는 1780년대 이후로 더 이상 인간에게 속박이 되지 않았다. 필요한 시점에 필요한 공산품을 얼마든지 만들어낼 수 있는 시대가 되었고, 이러한 현상은 농산물과 노동력으로까지 옮겨갔다. 귀족 등 일부 계층만 누렸던 문명의 이기가 일반인에게도 확산되는 대중 사회가 시작된 것이다.

하지만 무한한 생산력 증대도 인류를 모두 행복한 방향으로 이끌지는 못했다. 자본주의가 공고화되면서 제국주의국가 간의 대립이 격화되고, 계급 간의 갈등과 이념의 대립이 더해져 기존의 인류가 겪어보지 못한 새로운 형태의 비극이 잇따랐다. 산업혁명은 풍요 속에 야만이 함께하는 현대 물질문명의 시작이기도 했던 것이다.

맨체스터 유나이티드 홈구장

6장

산업혁명이 번영과 함께 비극을 가져왔다고요?

소수에서 대중으로

딸 아빠, 리버풀과 맨체스터에 오면서 최첨단 전기자동차를 타고 고속도로에서 자율주행을 경험하니 정말 신기해요. 기술의 발전은 놀라워요.

아빠 그렇지. 지난 수세기 동안 기술의 발전은 인류를 상상도 못했던 세계로 이끌었어. 과학기술이 이론에 머물지 않고 실용화돼서 온 인류에게 영향을 미치기 시작한 게 바로 산업혁명이야. 영국이 주도한 산업혁명은 인류사를 근본적으로 바꾸어 놓은 가장 중요한 변혁 중 하나였고, 리버풀과 맨체스터는 당시 명실상부한 세계 산업의 중심지로서 대영제국의 영광을 누렸어.

딸 산업혁명이 무엇이길래 그렇게까지 중요해요?

아빠 산업혁명이라는 단어는 역사학자 아놀드 토인비가 처음으로 사용했어. 18세기 중반부터 19세기 초반까지 영국에서 시작된 기술의 혁신을 통한 공업생산품의 대량생산체제를 일컬어. 그간 인간의 노동력으로 소량 생산하던 제품들을 새로 개발된 기계로 대량생산하면서 인간의 삶과 사회의 구조가 획기적으로 변했어.

딸 산업혁명으로 완전히 다른 세상이 열렸다는 거예요?

아빠 대량생산이 가능해지면서 기존에 소수만 소비했던 것을 대중들도 누릴 수 있게 되었지. 물질적으로 풍요로운 세상이 시작된 거야. 반면 대중들이 그러한 풍요를 모두 누리지는 못했고, 새로운 방법으로 부를 축적한 사람들이 생기면서 예전과는 다른 종류의 새로운 사회적 계층과 신분도 형성되었어.

딸 새로운 사회적 계층과 신분이라고요?

아빠 근대 이전에는 왕과 귀족처럼 세습되는 신분을 가진 사람들이 상류층을 차지했어. 주로 정치적인 힘이 있는 사람들이 토지를 나눠 가졌고, 거의 유일한 생산수단이었던 토지는 한정되어 있어서 토지를 가진 소수가 그 사회의 평민들을 지배할 수 있었겠지. 토지가 왕과 귀족에 의해 세습되고, 정치적인 변혁이 없는 한 신분 변동은 없었어. 그런데 공업사회가 되면서 많이 달라졌어. 대량생산을 주도하는 이들은 당연히 많은 돈을 벌 수 있었겠지. 그들은 자본을 축적해 그 돈의 힘으로 사회를 이끌었어. 사회의 대부분을 차지하는 노동력만을 가진 사람들과는 완전히 구별되는 새로운 사회계층이 탄생한 거야. 이렇게 자본을 축적한 자본가를 카를 마르크스가 '부르주아'로 명명해서 일반적인 용어가 되었어. 이들이 주도하는 사회를 '자본주의사회'라고 한단다.

딸 자본주의는 많이 들어봤는데, 무슨 뜻인지 정확히는 모르겠어요.

아빠 학자들마다 다르게 정의하기 때문에 한두 마디로 정리하기는 어렵다. 다만 사유재산, 특히 생산수단의 사적소유를 인정하고, 이윤을 추구해 자본으로 축적하고, 시장을 통해 물건과 노동력이 거래되는 것 등이 자본주의의 특징적인 요소라고 할 수 있어. 자본주의사회에서 생산수단을 소유하지 못하고 자신의 노동력을 자본가에게 팔아 생계를 이어가는 임금노동자를 마르크스는 '프롤레타리아'라고 불렀지. 이것 역시 유명한 사회과학 용어란다.

왜 이곳에서 산업혁명이 시작되었을까

딸 많은 나라 중에서 영국에서 산업혁명이 처음 시작된 이유가 궁금해요.

| 제임스 와트가 발명한 증기기관 |

아빠 좋은 질문이야. 당시 유럽 또는 세계의 주요 국가 중에서 유독 영국이 산업혁명을 주도할 수 있었던 이유를 살펴보면, 사회가 발전하는데 어떤 요인이 중요한지 교훈을 얻을 수 있어. 산업혁명이 과학기술의 발전에 기인했다고 하지만, 학자들에 따르면 영국이 꼭 과학기술의 선도자는 아니었고, 특히 영국의 대학 등 교육은 경쟁국에 비해 많이 뒤떨어져 있었어. 제임스 하그리브스의 제니 방적기나 제임스 와트의 증기기관 같은 산업혁명 당시 주요 발명품들도 당시 기술 수준에서 극도의 정교함을 요구한 것은 아니야. 오히려 영국의 사회경제적인 요인이 영국을 산업혁명에서 독보적인 선두주자로 만든 것이라고 해.

딸 기술보다 사회경제적인 요인이 중요했다고요?

아빠 영국의 사회경제적인 조건이 기술의 발전을 받아들여 실용화하고 그 효과를 극대화시킬 수 있었어. 먼저, 정치적인 뒷받침이 되었어. 영국은 이미 17세기에 청교도혁명과 명예혁명을 거치면서 국왕 중심의 통치체제가 무너지고 의회 중심의 정치가 완성되었어. 정치가 안정되면서 국가의 힘을 경제발전에 집중할 수 있었지.

딸 정치가 안정되어 혼란스럽지 않으니깐 경제도 발전했다는 말은 이해할 수 있을 것 같아요.

아빠 그렇지. 그리고 두 번째로, 영국은 농지가 그다지 넓거나 비옥하지 않은 반면 철광석과 석탄 등 지하자원이 풍부해서 공업 발전에 큰 동력이 되었어. 1800년에 영국은 약 1,000만 톤의 석탄을 생산해 세계 생산량의 약 90%를 차지했다고 해. 특히 철광석과 석탄은 서로 시너지효과를 발휘했어. 그리고 석탄 광산에서 채굴에 방해가 되는 지하수를 퍼내기 위해 양수기가 필요했는데, 제임스 와트의 증기기관은 원래 양수기용으로 개발됐어. 그게 면직물 산업에 적용되면서 획기적인 생산성 증대가 이루어졌어.

딸 철광석과 석탄의 시너지효과가 뭐예요?

아빠 석탄을 가열하면서 발생하는 탄소를 이용해 산화철에서 산소를 분리하는 방법을 개발해낸 거야. 석탄은 용광로 가열은 물론 철을 추출하는 핵심적인 역할을 하게 된 거지. 이런 시너지 효과는 농업과 공업 사이에서도 이루어졌다고 할 수 있어.

딸 농업과 공업이 함께 발전했다는 뜻이에요?

아빠 18세기 초에 이르러 농업기술이 크게 발전하면서 필요한 노동인력이 줄었고, 막대한 생산증대가 이루어졌어. 거기에 '인클로저운동'이라고 그간 효용이 없었던 토지를 개간해 목초지로 쓰거나 신기술에 의한 작물을 재배하기 위해 지주들이 토지에 울타리를 치기 시작했어. 그러다 보니 작은 토지를 가진 농민들은 경작지를 잃었어. 그들이 도시로 밀려 나오면서 공장으로 투입될 저임금노동자가 많이 생겼지. 반면 지주들은 기존보다 많은 돈을 벌 수 있었고, 도시의 공장에 투자해서 신흥 자본가 대열에 합류하기도 했어. 결국 농업에서 넘어온 노동력과 자본이 공업 발달에 큰 도움이 된 거야. 이처럼 공업이 발달할 수 있는 결정적인 역할을 농업이 했다는 것은 아이러니한 일이지.

식민지 인도와 면직물 공업

딸 근데 제가 듣기로는 영국이 식민지가 많아서 산업혁명을 주도하는데 큰 도움이 됐다고 하던데요?

아빠 대체로 식민지가 큰 도움이 되었다는 게 전통적인 견해야. 산업혁명으로 공업 생산품이 늘어나면서 식민지들이 자국에서 생산한 상품을 팔 수 있는 넓은 시장이 되고, 값싼 노동력으로 원자재를 안정적으로 공급받을 원천이 되었어. 특히 인도가 큰 역할을 했지. 면화를 가지고 천을 만드는 면직물 가공업이 초기 산업혁명을 완전히 주도했는데, 인도에서 들여오는 값싼 면화가 결정적이었어. 영국의 수상 디즈레일리는 인도를 '왕관에 박힌 보석'이라고 부르기까지 했어. 영국의 면직물 산업이 세계시장을 장악한 것은 단순히 기술적 우위 때문만은 아니었고, 인도의 면직물 산업을 완전히 붕괴시킨 가혹한 식민지정책의 결과이기도 했어.

딸 영국인들이 인도에서 나쁜 짓을 많이 했다는 거예요?

아빠 영국은 전통적으로 양을 많이 키우는 나라였고, 그 양털로 모직물을 주로 생산했어. 그런데 17세기 후반 인도에 캘리코라는 면직물이 들어왔어. 면의 원료가 되는 목화의 원산지는 인도였고 면직물 생산에 관한 한 인도가 최고였는데, 모직물보다 가볍고 빨래하기 편해서 인기가 많았어. 처음에는 인도산을 들여 되팔기만 하다가 직접 생산에 나선 거야. 그 과정에서 인건비를 줄이기 위해 고안한 게 방적기와 방직기야. 방적기는 솜에서 실을 뽑아내는 기계고 방직기는 뽑아낸 실로 천을 짜는 기계란다.

딸 인도에서 목화솜을 많이 수입하고, 영국이 새로운 기계를 만들어서 실을 뽑고 천을 짰는데 특별히 인도에게 피해를 준 게 있어요?

아빠 기계를 도입하는 것 외에도 여러 가지 불공정한 방법을 동원해 인도의 면직물 산업을 붕괴시켰기 때문이야. 인도산 면직물을 들여오는데 엄청나게 높은 세금을 부과하고, 동인도회사는 면직물 독점 구매자로서 싼 가격과 조건에 사들여 폭리를 취했어. 나중에는 인도 내에서 면직물의 직조를 금지해 직조기를 부수거나 심지어 직조공의 손가락을 자른 경우까지 생겼어. 이렇게 해서 1820년대부터 인도 면직물 산업이 쇠퇴하기 시작해 벵골 지방의 면직물 산업은 1830년경에는 거의 붕괴되었어. 결국 인도는 원재료인 목화솜을 수출하는 정도의 처지로 전락한 거야. 인도의 독립운동가 마하트마 간디는 이렇게 붕괴된 인도의 전통산업인 면직업을 부활시키려고 애쓴 사람이야. 간디가 물레를 돌려 실을 짜는 모습은 그걸 상징해.

딸 영국 산업혁명 초기의 면직물 산업은 결국 인도의 전통적인 면직물 산업을 가로채서 가능했다는 뜻이에요?

아빠 식민지 인도가 아니었으면 산업혁명 초기에 특히 면직물 생산업이 주도한 상공업의 비약적인 발전은 불가능했다고 봐야 해. 하지만 영국의 이러한 발전이 전적으로 식민지 인도 덕이었

| 증기기관차와 철도로 인해 장거리 대량 수송이 가능해졌다 |

다는 건 지나친 비약일 수 있어. 사회가 발전하는 요인은 여러 가지가 상호작용하기 때문이고, 이걸 지나치게 단순화하는 건 사회현상을 보는 올바른 태도가 아니야. 기술의 발전에 따른 생산성 향상이 워낙 눈부셨거든.

딸　생산성 향상이 눈부셨다는 것은 무엇을 가리켜요? 아까 말한 방적기, 방직기로 인한 거예요?

아빠　그렇지. 맨 처음 1733년에 존 케이라는 사람이 실로 천을 짜는 방직기 플라잉 셔틀을 개발해 1760년대에 대중화되었어. 하그리브스의 제니 방적기, 아크라이트의 수력방적기, 크럼프턴의 뮬 방적기 등이 발명되었어. 그중 특히 수력방적기가 강가에 많이 세워졌지만 여러 한계가 있었어. 그러던 와중에 제임스 와트가 1770년대에 증기기관을 광산용으로 상업화했고, 에드먼드 카트라이트가 동력으로 움직이는 증기기관 역직기를 사용하면서부터 혁명적인 생산력의 진보가 이루어졌어. 동력을 이용하니 공장의 입지가 문제되지 않았고 대형화할 수 있어서 대량생산이 가능해진 거야. 최초의 방적기만 해도 물레보다 200배의 실을 생산했고, 노동자 2명이 돌보는 레이스 만드는 기계 하나가 1만 명의 수직포공의 일을 대신할 정도였다고 해.

딸 정말 놀랍네요. 기차도 그때 만들어지지 않았어요?

아빠 조지 스티븐슨이 1820년대에 증기기관을 여객열차에 장착해 증기기관차를 운행하기 시작했어. 기관차는 말 수백 마리가 끄는 것과 같은 동력을 제공했고, 1830년에 리버풀-맨체스터 구간에서 처음 개통되었어. 철도로 인해 대량 운송과 많은 사람들의 여행이 가능한 완전히 새로운 시대가 열렸어. 철도산업 역시 영국이 단연 선도자였고, 그 후 경쟁적으로 확산돼 2단계 산업혁명을 주도했어.

딸 산업혁명을 왜 혁명이라고 부르는지 알 것 같아요. 기계를 도입해 엄청나게 많은 물건을 생산했으니까 일반인들도 좋은 옷을 입을 수 있었고, 기차로 인해 여행을 하거나 물건을 실어 나르는 것도 편리해졌겠네요?

아빠 산업혁명 무렵부터 그간 경험하지 못한 물질적 풍요를 누리게 된 건 절대 부인할 수 없는 사실이야. 예전에는 왕이나 귀족들만 사용했던 물건을 대중이 사용하고 장거리 여행도 비교적 쉽게 할 수 있게 되었어. 농업 분야도 함께 발전해 식료품도 많이 공급되고, 과학기술의 발달로 의료 수준도 많이 향상되었어. 하지만 사회의 대다수를 차지하는 노동자들의 삶이 더 행복해졌다고 말하긴 어려웠어. 기존에 겪어보지 못하고 예상하지 못했던 여러 문제들도 함께 생겼기 때문이야.

예상하지 못했던 문제들

딸 겪어보지 못하고 예상하지 못했던 문제들이라고요?

아빠 농토에서 생산되는 농작물은 한계가 있잖아. 예전에 농사짓던 시절에는 대부분의 사람들이 자기에게 주어진 농토에서 농작물을 길러내는 정도의 일을 했어. 농사철에 해가 뜨면 일을 하고 해가 지면 집에 들어가 쉬는 생활을 했고, 그 밖에 땔감을 수집하거나 옷감을 짜는 것처럼 생존에 필요한 의식주에 관한 일만 했지. 그런데 공업생산품은 물건이 팔리는 한 공장에서 최대치를 생산해내야 했어. 기계를 24시간 돌리고, 노동자들도 농사짓던 시절과는 비교할 수 없을 정도로 오랜 시간을 일해야 했어.

하루 12시간에서 14시간 정도 일하는 것이 보통이었고, 10살도 안 된 어린아이들도 공장에서 일하기 시작했어.

딸 기술이 발달해 많은 물건을 생산해낼 수 있게 되었는데 오히려 더 많은 일을 하고, 어려서부터 일하게 되었다고요?

아빠 그렇지. 가능한 한 적은 임금을 주고 기계를 이용해 최대한 만들어내려고 했기 때문이야. 하루 16시간까지 일하는 경우도 있었어. 특히 많은 힘을 필요로 하지 않는 노동의 경우 성인 남성에 비해 임금이 1/2~1/3에 불과한 여성과 미성년자를 많이 고용했어. 1834년에서 1847년 사이 영국 면직 공장에서는 노동자 가운데 1/4 정도가 성인 남성이고, 반 이상이 부녀자, 그 나머지가 18세 이하의 소년들이었다고 해.

딸 전에 찰스 디킨스의 소설 『올리버 트위스트』에서 그런 내용을 읽은 적 있어요.

아빠 그 소설에서처럼 도시로 몰려든 저임금노동자들은 어른뿐만 아니라 어린애들까지도 열악한 노동조건과 주거 환경에서 비참한 생활을 하고 범죄에 노출되는 경우가 많았어.

딸 영국이 산업혁명에 가장 먼저 성공했으면 제일 잘사는 나라가 되었을 텐데 왜 그렇게 어려운 생활을 하게 됐을까요?

아빠 인류가 전혀 경험해본 적이 없는 막대한 부를 창출했지만, 산업혁명 초기에는 그렇게 창출된 막대한 부를 사회적으로 나

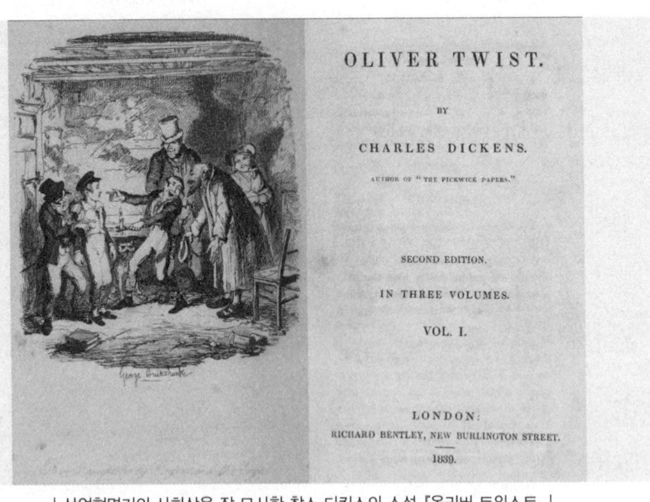

OLIVER TWIST.

BY

CHARLES DICKENS.

AUTHOR OF "THE PICKWICK PAPERS."

SECOND EDITION.

IN THREE VOLUMES.

VOL. I.

LONDON:

RICHARD BENTLEY, NEW BURLINGTON STREET.

1839.

| 산업혁명기의 사회상을 잘 묘사한 찰스 디킨스의 소설 『올리버 트위스트』 |

눠 가져야 한다는 공감대가 형성되지 않았어. 분배에 대한 노하우가 없었거든. 그래서 기존에 해오던 대로 생산수단을 가진 사람들, 즉 공장이나 설비를 가진 사람들이 임금으로 주어지는 돈을 제외한 나머지 돈을 모두 차지했어. 반면 노동자들에게는 가혹한 노동을 견뎌야만 최저생계비 정도를 벌 수 있을 만큼 적은 임금을 줬지.

딸　노동자들이 그렇게 비참한 생활을 하는데 국가에서는 아무 개입도 안 했어요? 노동자들은 파업이나 시위와 같은 저항도 안 했고요?

아빠　오늘날의 최저임금제니 노동자의 파업은 산업혁명 초기에는 생각하기 어려웠어. 자본가들은 최소한의 임금만 주고 남은 돈을 자본으로 축적했어. 그런 자본은 다시 대규모 생산수단을 창출하는 형태로 계속 커질 수 있었어. 자본가들은 의회에도 진출해 기존에 왕과 귀족들이 가졌던 정치권력마저 차지했으니까 본인들에게 유리한 법과 제도도 만들 수 있었어. 반면 노동자들은 농토에서 쫓겨나 도시로 밀려오고, 인간의 노동력을 기계가 대체하면서 인간 노동의 가치는 점점 떨어지는 것처럼 보였어.

착취하는 자본가, 착취당하는 노동자

딸 산업혁명 이후에 물질적으로 풍요로워지긴 했지만 자본주의사회가 시작되면서 일하는 환경은 훨씬 나빠졌고, 자본가들만 큰돈을 벌 수 있었던 거네요?

아빠 마르크스는 이러한 현상을 비판했어. 생산물 중 노동을 하는 사람의 생존, 즉 노동력 유지에 필요한 이상의 것을 '잉여생산물'이라고 하는데, 인류가 원시공산제 사회를 벗어나 사유재산제를 유지하면서부터 이건 늘 생산수단을 소유한 사람들의 몫이었어. 근대 이전의 생산수단은 거의 토지였으니까 주로 토지를 소유한 사람들이 잉여생산물을 차지했겠지. 산업혁명기에도 같은 방식으로 노동자들에게는 최저생계비에 가까운 임금만 주고 공장이나 생산설비를 가진 사람들이 나머지를 모두 차지했어. 노동자들이 생산한 것 중에서 임금으로 지불되지 않는 나머지를 잉여가치라고 해서, 이것이 자본가의 소득의 원천이 된다고 마르크스는 주장했지. 이런 '잉여가치설'이 그가 쓴 『자본론』의 핵심 주장이야. 노동자의 노동으로 창조한 가치 중에 임금으로 주어지지 않고 자본가들이 이윤으로 가져가는 부분은 노동자의 것을 빼앗아 '착취'하는 것이고, 이게 자본으로 축적된다는 주장이야.

딸　말로만 듣던 마르크스의 『자본론』를 아빠에게 배울 줄은 몰랐어요. 생각보다 어려운 개념은 아니네요. 하지만 돈을 많이 투자해서 기술을 개발하거나 공장 시설도 만들고 기계도 도입하면 훨씬 더 많은 것을 생산할 수 있는데, 자본가들이 꼭 노동자들의 것을 착취한다고 말할 수 있어요?

아빠　너희가 그런 지적을 한다는 것은 정말 대단하구나. 마르크스의 이론은 애덤 스미스와 같은 고전경제학자들이 주장한 노동만이 가치를 창조한다는 '노동가치설'을 전제로 해. 자본주의의 어두운 면을 비판하는 이론의 틀로는 유용했지만, 너희들이 말한 그런 문제는 간과한 셈이어서 현실과는 맞지 않는 경우가 많아졌어. 노동력 못지않게 기술적 진보나 설비투자가 중요해졌기 때문이야. 요즘은 노동가치설은 거의 받아들여지지 않고, 오히려 상품의 가치는 그 상품이 소비자에게 줄 수 있는 한계효용에 따라 결정된다는 '한계효용설'이 경제학의 주류 이론이란다.

선거권을 우리에게 달라

딸 그런데 풀리지 않는 의문이 있어요. 대부분의 사람들이 살기 어려워지는데 일부만 부자가 되면 폭동이나 혁명이 일어난다고 했잖아요? 산업혁명 시기는 예외였나요?

아빠 맞는 말이야. 영국도 마찬가지였어. 특히 수공업자를 비롯한 숙련공들이 기계에 쫓겨나 저임금 노동으로 대체되니깐 기존 숙련공들을 중심으로 기계를 깨부수는 사건이 잦아졌어. 1811년에서 1812년 사이에 영국 지방 일대에서 계속해서 일어난 기계 파괴운동을 '러다이트운동'이라고 하는데, 노동운동의 시초로도 본단다.

딸 기계 때문에 일자리를 잃게 된 심정은 이해하지만, 그래도 기계를 깨부수는 게 올바른 방법은 아니잖아요?

아빠 궁극적으로는 옳지 않지. 영국 정부에서도 주동자를 교수형에 처하기까지 하면서 강력하게 대응했어. 하지만 산업혁명 초기의 사회상과 노동자의 열악한 지위를 상징적으로 보여주는 사건이야. 노동자들의 생존권은 그만큼 절실했고, 단결만이 자

| 노동자에 의한 기계파괴운동인 러다이트운동 |

본가들에게 대응하는 방법임을 차츰 깨달아갔어. 영국 정부는 1799년 '단결금지법'을 제정해 노동운동을 탄압하기도 했어.

딸 아니, 노동자들이 살기 위해 단결하는 것을 어떻게 법으로 금지할 수가 있어요?

아빠 맞아. 결국 1822년에 이 법을 폐지할 수밖에 없었어. 봇물처럼 터지는 노동자들의 요구를 거절할 수 없었거든. 노동자들은 노동조합을 만들어 조직적으로 나섰어. 노동조건을 개선하기 위한 파업 행위도 차츰 노동자들의 정당한 권리로 인정받게 되지. 노동자 단체들이 정치적으로 세력화되면서 아동·청소년의 장시간 노동금지라든가 하루 10시간 이상 노동금지 등의 성과를 거두거든. 이는 모두 노동자들이 단결된 힘을 과시해 선거권 같은 정치적 권리를 쟁취해 얻은 거야.

딸 노동자들에게 선거권이 원래 없었나 봐요?

아빠 전통적으로 영국 의회는 지주, 자유직업인, 대상인, 금융가 등 소수 계층으로 구성되어 있었어. 선거권을 가진 사람이 성인 남자의 1/5도 안 됐어. 심지어 공장주들도 선거권이 없는 사람이 많았어. 지금처럼 전 국민의 보통·평등선거가 확립된 건 비교적 최근이란다. 모든 정치적 권리가 그렇듯 투쟁의 과정 없이 주어지는 경우는 드물어.

딸 영국은 의회주의가 일찍부터 발달한 나라였잖아요? 의원들은 원래 선거로 뽑는 국민의 대표 아닌가요?

아빠 1831년 들어서 공장주나 무역업, 금융업으로 돈을 번 사람 등 중산층이 선거권을 획득했어. 이게 1차 선거법 개정이야. 그런데 이를 반대한 도시 노동자를 중심으로 선거권 획득운동이 시작됐고 이를 위해 인민헌장을 작성해 의회에 보내기도 했어. 이렇게 1830년대부터 1840년대에 걸쳐 연달아 일어난 참정권 획득 운동을 '차티스트운동'이라고 부른단다. 당시에는 정부의 탄압으로 실패한 듯 보였지만 결국 1867년에 2차 선거법 개정이 이루어져 공장노동자들도 선거에 참여할 수 있게 되었어. 그리고 1884년 3차 선거법 개정으로 농민들에게도 선거권이 주어졌어. 이렇게 해서 1880년대에 성인 남성 모두에 대한 보통 선거권이 확립된 거야.

여성에게도 선거권이 허용되다

딸 남성들에게만 선거권이 주어졌지, 여성들에게는 선거권이 없었어요?

아빠 여성들에게 정치적 권리가 주어진 것은 그보다 뒤야. 영국에서는 제1차세계대전 후인 1918년에 30세 이상의 여성, 1928년 이르러 21세 이상의 여성에게 선거권이 허용되었어. '서프러제트'라고 불리는 피나는 투쟁의 결과였어.

딸 영국이 다른 나라보다 보수적이니깐 더 늦은 편 아니었어요?

아빠 아니야. 영국은 비교적 이른 편이었어. 최초로 여성에게 선거권을 준 것은 1893년 뉴질랜드였어. 미국은 1870년부터 흑인 남성에게 투표권을 주기 시작했는데(수정헌법 제15조), 그보다 50년이나 후인 1920년에 여성에게 투표권을 인정했어(수정헌법 제19조). 프랑스는 1944년에 이르러서 여성에게 선거권을 주었고, 우리가 선진국으로 알고 있는 스위스도 1971년에서야 여성참정권을 인정했어. 아랍권 국가들은 주로 1990년대 이후고, 특히 사우디아라비아는 가장 늦은 2015년부터 여성의 투표권을 인정하고 있어. 우리나라는 1948년 정부 수립한 직후부터 남녀에게 동등하게 선거권을 주었으니 그나마 나은 편이지.

딸 노동운동도 그렇고, 선거권도 그렇고, 여성의 참정권까지 세상에서 저절로 주어지는 건 없군요. 모두 피나는 투쟁의 결과군요.

아빠 그렇지. 여러 번 말했듯이 우리가 지금은 당연한 것으로 여기는 정치적, 사회적 권리가 모두 엄청난 희생을 치르면서 쟁취한 소중한 것임을 잊지 말아야 한다. 어쨌든 산업혁명 시기를 거치면서 그나마 늘 지배받기만 했던 평민들이 정치적 권리를 차츰 획득해가면서 대중사회로 가는 계기가 된 거야. 이것만으로도 상당한 진보이지만, 진정 자유롭고 평등한 사회까지는 아직 갈 길이 멀었던 거야. 19세기를 거쳐 20세기에 이르면서 제국주의의 팽창과 대공황, 제1·2차세계대전같이 인류는 그간 겪어보지 못했던 엄청난 불행을 겪게 되는데, 모두 산업혁명의 연장선상에서 벌어진 일들이야.

제국주의의 시작

딸 영국이 제국주의로 번성했다고 했잖아요. 제국주의는 어떤 거예요?

아빠 한 나라가 다른 나라나 지역을 군사적, 정치적, 경제적으로 지배하려는 정책이나 사상을 말해. 원래 로마제국에서 유래되었어. 역사학적으로는 특히 18세기 산업혁명 이후 자본주의 열강들이 아시아, 아프리카 등에서 식민지를 확장해 자원을 수탈하고 판매 시장으로 써먹던 체제를 지칭해. 유럽 열강이 당시 전 세계 모든 대륙에 경쟁적으로 식민지를 건설했는데, 그 시대를 정당화하는 논리는 우수한 인종과 발전된 나라가 열등하고 미개한 식민지를 지배해 문명화시킨다는 것이었어.

딸 일본이 아직도 우리나라를 발전시켰다고 말하는 것처럼요?

아빠 그렇지, 아시아에서 거의 유일하게 제국주의로 나아간 나라가 일본이었어. 1868년 메이지유신 이후 서양의 문물을 적극적으로 받아들이면서 대단한 성장을 이루어 천황을 정점으로 '대일본제국'이라고 칭했어. 우리나라를 식민지로 삼고 아시아 여러 나라를 침략해 2차대전이 끝날 때까지 주변 나라들을 짓밟았잖아. 아직도 자신들이 우리를 근대화시켰다고 강변하지만, 우리의 주권을 빼앗아 가혹하게 수탈하고 핍박했다는 것을 잘 알고 있잖아. 제국주의는 추악한 자국 이기주의를 지칭하는 말이 되었고, 자본주의의 가장 어두운 면으로 비판받는 부분이야. 그 대표적인 저작이 러시아의 혁명가 레닌의 『제국주의론』이야. 레닌은 1차대전이 한창이던 1917년 출간한 이 책에서 1차대전을 제국주의국가들이 팽창하면서 벌어진 필연적인 전쟁, 즉 '제국주의 전쟁'이라고 불러서 일반 용어가 되었어.

4차산업혁명 시대를 대처하는 자세

딸 산업혁명을 빼놓고는 오늘을 이야기할 수 없겠네요. 인류의 삶이 기술로 인해 획기적으로 변하게 되는데, 그것으로 인해 사람들의 삶이 마냥 행복해진 것은 아닌 것 같고요.

아빠 그래, 아빠가 생각하기에 유럽의 역사에서 가장 중요한 사건을 들라고 하면 단연 산업혁명을 꼽고 싶다. 특히 영국의 산업혁명을 보면 사회가 진보하는 데 몇 가지 중요한 요인들이 있고, 그게 복합적으로 작용한다는 것을 알 수 있어. 4차산업혁명 시대라는 요즘에 와서도 예전의 산업혁명을 보면서 많은 교훈을 얻을 수 있어. 먼저 기술의 진보를 실질적인 산업의 발전으로 이끌 수 있는 사회경제적 조건을 잘 만들어야 해. 그리고 그걸 다른 사람들과 함께 나눌 수 있는 시스템을 갖춰야 해.

딸 요즘 4차산업혁명이라고 하잖아요. 벌써 4차까지 온 거예요?

아빠 보통 1차산업혁명은 18세기에서 19세기에 걸쳐 이루어진 우리가 지금까지 말한 증기기관과 철도로 대표되는 기계를 통한 대량생산체제를 가리키고, 2차산업혁명은 1870년대부터 1900년대 초반까지 전기를 이용한 분업화 생산조립라인에 의한 대규모 생산 체계를 말해. 그리고 3차산업혁명은 컴퓨터와 인터넷을 이용한 정보화·디지털혁명, 4차산업혁명은 그 연장선상에서 디지털과 바이오산업, 물리학 등 3개 분야의 융합된 기술들이 사회구조를 급격히 변화시키는 기술혁명이야. 쉽게 말하면 모든 분야의 기술이 융합되고 연결되는 형태의 새로운 기술혁명이지. 빅데이터 분석, 인공지능, 로봇공학, 사물인터넷 같은 것들이야.

딸 인공지능은 피부로 와닿아요. 자율주행차를 탔잖아요. 그런 기술이 발달하면 운전하는 직업부터 없어져 실업하는 사람들이 많이 생기지 않을까요? 벌써부터 미래에 없어질 직업을 예측하기도 하잖아요.

아빠 그렇지. 인공지능을 비롯해 인간을 대체할 만한 기술을 인간에게 유리한 방향으로 잘 활용해야지. 실업자가 늘어날 것이라고 두려워해 기계를 깨부순 러다이트운동처럼 시대를 되돌리려고 해서도 안 되겠지. 운전수의 실업을 우려해 자율주행차의 도입을 반대하는 건 올바른 방법이 아니지. 기술 발전의 초반에는 특정 직업군이 없어지거나, 새로운 일에 적응하지 못하는 사람이 실업하는 현상이 생길 거야. 하지만 사회에서 전반적으로 발생하는 특정 직업군의 대량 실업 현상을 감내할 수는 없지. 기술의 진보나 경제의 발전 못지않게 중요한 점이 고르게 잘살기 위한 노력임은 분명하잖아.

딸 그럼 기술이 발전하면서 사람들의 일자리가 없어지는 변화는 어떻게 해야 해요?

아빠 특정 직업군의 문제만은 아니야. 앞으로도 기술 발전을 통한 생산력의 증대가 확산되면 인간에게 필요한 노동의 양이 획기적으로 줄어들겠지. 그러면 직업 사이의 이동이 쉽게 이루어질 수 있도록 하고, 줄어든 일자리를 나눌 수 있는 사회적인 시스템을 갖춰야지.

딸 한 사람이 할 수 있는 일을 굳이 여럿이 나눠 하는 것은 효율적이지 않잖아요. 기업가들에게 그런 식으로 해서 많은 비용을 들이라고 강요할 수 있을까요?

아빠 좋은 지적이다. 사회 전반에 효율적인 생산방식이 확산되면 지금처럼 누구는 매일 8시간 이상씩 일하고, 누구는 실업자가 되는 형태로 운영해서는 안 되겠지. 일하는 시간을 줄여 여러 사람이 일을 할 수 있도록 일을 나눠야지. 인간의 노동시간이 줄어드는 것은 인류 전체를 위해서도 좋은 방향이잖아. 가장 효율적이고 비용이 덜 드는 방법을 강구하는 기업가의 입장도 무시할 순 없으니, 결국 정부가 개입해서 효율성과 적정한 분배 사이의 접점을 찾아주는 것이 맞다고 본다.

딸 국가가 할 수 있는 일이 어떤 거예요?

아빠 법적으로 허용되는 노동시간을 통제하고 시간당 최저임금을 보장해야지. 그런 노동조차 할 수 없는 이들에게는 사회보장제도로 보조해줘야지. 어느 정도 선에서 접점을 찾을 것인가 하는 문제가 정치의 역할이야. 사회세력들이 서로 밀고 당기기를 하면서 그 사회가 최적이라고 생각하는 수준에서 제도적인 장치를 만들어가야지.

딸 산업혁명 당시에는 국가가 아직 그런 역할을 하지 못했기 때문에 노동자들이 비참한 생활을 했군요?

아빠 맞아. 앞에서 보았듯이 산업혁명기에 이미 자본주의의 어두운 면은 나타나기 시작했어. 자신이 속한 계층이나 자기 나라만 잘살기 위한 이기심에서 비롯된 것이지.

딸 골고루 나눠서 모두 행복하게 살면 좋을 텐데, 왜 그렇게 하지 못할까요?

아빠 그런 문제의식에서 공산주의 사상이 대두되었지. 마르크스도 산업혁명이 한창이던 1800년대 중반에 런던에 망명해 있으면서 대영도서관에서 연구를 거듭해 『자본론』을 집필했어. 나중에 마르크스의 이론은 실제로 전 세계 혁명가들이 받아들여 공산혁명에 성공한 후 국가를 지배하는 이데올로기가 되었어. 결국 20세기 내내 기술과 산업은 한없이 발달하지만 세계 곳곳에서 자본주의와 공산주의 이데올로기의 대립이나 민족 간, 종교 간의 대립 등 온갖 분쟁이 끊이지 않고 발생했어. 그럼에도 불구하고 인류는 문제점을 차근차근 극복해가면서 좀 더 나은 세상으로 나아가고 있어. 마지막으로 여행할 독일로 넘어가 이 문제를 자세히 다뤄보기로 하자.

3부

통일 공화국 독일을 배우다

브란덴부르크문과 전승기념탑에서

독일이 통일한 후 세계대전을 일으켰다고요?

브란덴부르크문과 전승기념탑에서

통일 독일의 수도 베를린은 한국인들에게 남다른 감흥을 준다. 브란덴부르크문 앞에 서면 독일의 영광과 좌절, 전쟁의 참상, 분단과 냉전 그리고 통일에 이르기까지 드라마틱한 역사의 흔적을 모두 느낄 수 있다.

브란덴부르크문은 1790년경 신흥 강국 프로이센이 베를린의 관문이자 개선문으로 만든 것이다. 비록 그곳에서 최초로 개선행진을 한 사람은 1806년의 나폴레옹이었지만, 프로이센이 1813년 라이프치히전투에서 나폴레옹을 물리치고 1871년 프로이센·프랑스 전쟁까지 승리해 통일 독일제국을 건설하기까지 일련의 영광을 함께했다.

제2차세계대전 당시 브란덴부르크문은 폭격으로 심하게 훼손되었고, 독일의 패전과 함께 동·서독으로 분리되면서 그 뒤로 베를린장벽이 드리워져 분단과 냉전의 상징이 되었다. 그러나 1990년에 독일이 재통일되면서 다시 통일의 상징이자 번영하는 독일 수도 베를린의 중심이 되었다.

브란덴부르크문에서 서쪽으로는 선제후들의 사냥터로 이용되던 공원 티어가르텐이 있고, 그 중간 회전교차로에 전승기념탑이 있다. 전승기념탑은 프로이센이 덴마크, 오스트리아, 프랑스와의 전쟁에서 승리한 것을 기념하기 위해 1864년에서 1873년 사이에 세운 것으로 영화 〈베를린 천사의 시〉에 등장해 유명해졌다.

전승기념탑의 회전차도를 건너면 1871년 독일의 통일을 이룬 비스마르크의 동상이 있다. '철혈재상'으로 불린 그는 28년간 프로이센과 통일 독일제국의 총리였다. 통일을 위해 전쟁을 마다하지 않은 그였지만, 그 이후에는 평화주의로 태도를 완전히 바꿨고, 자유주의와 사회주의를 견제하기 위해 선도적인 복지정책을 펴기도 했다.

비스마르크를 물러나게 한 젊은 황제 빌헬름 2세는 제국주의 대열에 뒤늦게 합류, 제1차세계대전을 일으켜 추악한 패전국의 수장이 되었다. 그러나 독일인들은 자기 땅에 적군을 들여놓지도 않은 상태에서 항복했기 때문에 패전을 실감하지 못했다. 단지 패전 후 고통만이 그들의 공감대였고, 그들은 다시 히틀러에 빠져들었다. 브란덴부르크문과 전승기념탑, 그리고 비스마르크의 동상은 세계대전 이전 독일의 가장 영광스러운 시절을 상징하는 기념물로 남게 되었다.

브란덴부르크문

7장

독일이 통일한 후
세계대전을 일으켰다고요?

독일 이전의 프로이센

딸 아빠, 베를린은 파리나 런던 못지않게 볼거리가 많은 도시예요.

아빠 유럽의 중심국 독일의 수도인 데다 19세기 이후 세계사에 남을 만한 사건들이 가장 많이 벌어진 도시야. 유적과 박물관도 많지만, 무엇보다 전쟁과 분단과 통일의 흔적이 곳곳에 있어 아빠는 시종일관 가슴이 뛰는걸.

딸 브란덴부르크문은 뉴스에서도 자주 봤어요. 대통령이나 유명인들이 많이 들르더라고요. 이 문의 이름은 왜 브란덴부르크라고 부를까요?

아빠 브란덴부르크문은 프로이센의 왕 프리드리히 빌헬름 2세가

1788년에서 1791년 사이에 처음 만들었다고 해. 예전부터 베를린을 중심으로 한 지역을 브란덴부르크라고 불렀고, 독일 연방에서 지금도 베를린을 둘러싼 주의 이름이 브란덴부르크야.

딸 이 지역 이름을 딴 거네요?

아빠 그런 셈인데, 독일을 통일한 프로이센의 중심 세력이 사실은 브란덴부르크 지역 사람들이었기 때문에 특별히 그 이름을 기념하고자 한 것 같구나.

딸 독일은 최근에 통일됐잖아요. 20~30년 전에 통일되었다고 들었는데요?

아빠 그건 독일이 2차대전 후에 동독과 서독으로 분단되었다가 1990년에 다시 통일이 된 것을 말하는 거야. 영어로도 'reunification', 재통일이라고 표현한단다. 우리나라도 분단된 남·북한의 통일을 말할 때 영어로는 'reunification'이라고 하잖아. 독일이 애초에 통일된 것은 1871년이야. 1·2차대전을 거치면서 국경이 좀 달라지긴 했지만 대체로 오늘날의 독일로 이어져 왔다고 볼 수 있어.

딸 그럼 원래 독일이란 나라는 없었던 거예요?

아빠 좀 애매한 면이 있어. 일찍이 962년에 오토 1세에 의해 세워진 신성로마제국이라고, 지금의 독일보다 훨씬 큰 영토를 가진 나라가 있었어. 하지만 그건 근대식 중앙 집권 국가가 아니라 중세식 제후들의 연맹체에 불과했어. 더구나 17세기 이후로는 세력이 약화되어 지배권을 행사하지도 못했고 결국 1806년 나폴레옹에 의해 해체되었어. 근대 이후에도 독일 지역은 크고 작은 여러 영주나 제후들에 의해 다스려지는 느슨한 연방 형태를 유지해왔어. 국가나 민족의 범위나 형태가 분명하지 않았는데 1870년대에 이르러 프로이센에 의해 한 나라로 통일된 거야. 하지만 통일 이전에도 잘게 나눠진 영토가 자주 바뀌고, 범위가 명확하진 않았지만 막연하게나마 독일 민족이라는 정체성은 이미 형성되어 있었다고 해.

민족은 무엇일까

딸 한 나라도 아니었는데 이미 독일인이라는 정체성이 있었다는 말을 이해하기 어려워요. 민족이 원래 무슨 뜻인데요?

아빠 민족의 사전적 개념은 '일정한 지역에서 오랜 세월 동안 공동생활을 하면서 언어와 문화상의 공통성에 기초하여 역사적으로 형성된 사회집단'이야. 혈연, 지연, 언어, 문화가 민족을 구분하는 주요 기준이야. 주의할 점은 이 기준이 국가를 구분하는 기준은 아니야. 아빠 생각에는 20세기에 한 민족이 한 국가를 이루어야 한다는 이념으로 인해 많은 비극이 발생했기 때문에,

Die offinbarung

Das Vierzehend
Capitel.

Johannis.

| 구텐베르크 인쇄술로 인해 널리 보급된 마르틴 루터의 독일어 성경 |

요즘 민족의 개념에서 국가는 되도록 배제하려는 경향이 있는 듯하구나. 학자들의 견해에 따르면 독일 지역은 특히 같은 언어, 즉 독일어를 함께 쓰는 것이 게르만 민족 중 독일계를 구분하는 가장 중요한 요소가 되었다고 해.

딸 유럽을 다녀보면 독일어와 비슷한 말을 쓰는 나라가 제일 많은 것 같아요. 그런 사람들도 독일 민족일까요? 그런데 비슷하다고 다 독일어라고 말하기도 어려울 것 같기도 하고요.

아빠 글쎄, 꼭 집어서 말하긴 어렵겠지. 다만 중세 말기에 이르면 독일어는 지역마다 사투리가 심했는데 1500년대에 마르틴 루터가 번역한 독일어 성경이 구텐베르크가 개발한 인쇄술로 인해 대중들에게 널리 보급되면서 근대 독일어가 탄생했다고 해. 철학자 이마누엘 칸트도 쾨니히스베르크, 현재 러시아의 영토에 편입되어 칼리닌그라드라고 불리는 도시에 살았어. 그럼에도 칸트는 예나 지금이나 독일을 대표하는 인물로 꼽히지. 당시 그곳이 프로이센의 영토이기도 했지만, 기본적으로 독일 문화권에서 독일어를 쓰면서 활약했기 때문이야.

독일과 나폴레옹의 인연

딸 민족을 이야기하는 사이에 어느새 전승기념탑까지 왔어요. 아빠가 보여준 영화 〈베를린 천사의 시〉에서 이 탑을 본 적 있어요. 아저씨 천사가 여기 맨 꼭대기 황금색 여신의 어깨 위에 앉아 있는 장면이 자주 나오잖아요.

아빠 아빠가 아주 좋아하는 영화야. 내용도 좋지만, 당시 동서독 통일 직전의 베를린의 풍경도 많이 담고 있어서 독일을 이해하는 데 도움이 많이 됐어.

딸 이 탑은 원래 어떤 전쟁의 승리를 기념하는 거예요?

아빠 원래 프로이센이 덴마크와의 전쟁에서 이긴 1864년부터 만들기 시작했는데 1873년에 완공해 오스트리아, 프랑스와의 전쟁 승리까지 함께 기념하게 되었어. 독일의 통일을 기념하는

탑이라고 할 수도 있지.

딸 프로이센은 전쟁을 통해서 독일을 통일했나요?

아빠 그렇긴 한데, 꼭 전쟁과 군사력으로 통일한 건 아니야. 원래 프로이센은 폴란드와 러시아 서남쪽의 일부를 차지하는 중세 독일기사단령에서 비롯되었어. 1500년대에 공국이 된 신성로마제국 중 변방의 땅이었는데 1618년 베를린 일대 브란덴부르크 선제후국과 통합하고 1701년 왕국이 되면서 눈부신 발전을 이루었어. 프리드리히 2세 대왕 시절인 1750년대에 이르러서는 유럽에서도 손꼽히는 군사 강국이 되었어. 이후에는 주변을 복속시켜 영토를 넓혀가면서 강대국인 프랑스나 오스트리아 등과 자주 충돌했지. 그러다가 나폴레옹의 등장으로 큰 위기를 맞기도 했어.

딸 아아, 맞아요! 나폴레옹을 얘기할 때 프로이센이 자주 나왔어요.

아빠 1789년에 프랑스혁명이 일어났으니깐 프로이센이 브란덴부르크문을 만들 무렵이었지. 훗날 영국, 오스트리아, 러시아 등과 함께 프랑스 혁명정부와 대립하는 대프랑스동맹의 주요국이 되었어. 나폴레옹이 정권을 잡고 파죽지세로 유럽을 휩쓸면서 1806년에 신성로마제국을 공식 해체하고 독일 지역을 작은 나라로 나눠 버려. 프로이센이 나름 저항했지만 예나 전투 등에서

| 나폴레옹이 브란덴부르크문으로 개선 행진하는 모습 |

대패하고 동프로이센의 쾨니히스베르크로 피난을 가게 되지. 나폴레옹은 브란덴부르크문 위에 있는 청동 마차를 탄 승리의 여신상을 파리로 가져가기까지 했어.

딸 독일도 나폴레옹의 지배를 받았군요?

아빠 맞아. 하지만 프랑스혁명의 이념과 제도가 독일 지역으로 확산되었고, 전에도 말했듯이 독일 지역의 지식인들 중에 나폴레옹을 환영하는 사람도 꽤 있었다고 해. 나폴레옹이 자유와 평등을 외치면서 독일 지역에서도 근대 의식이 싹트기 시작했어. 하지만 나폴레옹 역시 프랑스에서 온 지배자였고, 오히려 나폴레옹으로 인해 독일인들 사이에서 프랑스의 침략에 대항하려는 민족의식이 싹텄어. 1807년 철학자 요한 고틀리프 피히테의 강연 〈독일 민족에게 고함〉은 민족주의를 고취한 연설로 지금까지도 유명하다.

딸 그럼 독일인들이 단결해서 나중에 나폴레옹을 물리친 거예요?

아빠 프로이센이 아주 큰 역할을 했어. 나폴레옹이 1812년 러시아원정에 실패한 후 1813년에 프로이센, 오스트리아, 러시아 연합군이 라이프치히전투에서 나폴레옹을 물리치고 1814년 파리를 점령해 황제직에서 물러나게 하지. 이때 청동 마차상을 8년 만에 가져와 브란덴부르크문 위에 다시 달았다고 해. 1815년 나폴레옹이 엘바섬을 탈출해 다시 전쟁을 벌였지만 영국과 프로이센 연합군이 워털루에서 물리쳐 나폴레옹시대를 완전히 끝내게 되었어. 오스트리아가 중심이 되어 빈회의를 통해 유럽을 다시 예전 국왕제와 영토로 되돌리려고 했어.

비스마르크의 등장

딸 그런데 어떻게 프로이센이 독일을 통일하게 되었어요?

아빠 빈회의 이후 독일은 35개의 군주국과 4개의 자유도시를 통합해 독일 연방을 구성했어. 프랑크푸르트에 의회도 두었는데 선거로 뽑은 의원이 아니라 각국에서 파견된 대표자들의 회의체였어. 오스트리아가 기존의 전통으로 인해 대표 노릇을 했는데 자유주의자들을 억압하고 보수 정책으로 일관하다가 1848년에 빈에서 혁명이 일어났어. 오스트리아 황제가 피신하고 수상 메테르니히가 영국으로 망명하면서 지도국으로서의 힘을 잃었어. 반면 프로이센은 이미 1834년에 인접국들과 함께 유명한 '관세동맹'을 결성하고 오스트리아를 제외한 대다수 연방 가맹국을 끌어들여 경제적 통합을 이루었는데 사실상 이것이 독일 통일의 기초가 되었어. 프로이센의 힘은 점점 커졌고, 그 와중에 오토 폰 비스마르크라는 대단한 인물이 나타나 결정적인 역할을 하거든.

딸 비스마르크라는 사람이 어떻게 대단한데요?

아빠 1862년부터 1890년까지 28년간이나 프로이센과 통일 독일의 수상을 지냈어. 그의 주도로 프로이센은 1871년 독일을 통일했고, 프랑스와 오스트리아를 압도하는 최강국이 되었지. 그의 '철혈정책'은 아주 유명해 흔히 '철혈재상'이라고 불린단다.

딸 철혈정책이 뭔데요?

아빠 프로이센의 왕 빌헬름 1세가 지명해 1862년 47세의 나이에 총리가 되었는데, 취임 연설에서 "오늘날의 중대한 문제는 연설이나 다수결로는 해결할 수 없다. 오로지 철과 피로써만 해결

| 철혈 재상으로 불린 비스마르크 |

할 수 있다"라고 말한 게 유명해졌어. 실제로 군비확장을 통해 외교문제를 해결하고 전쟁도 불사해 자기 뜻을 관철시켰지.

딸 아주 호전적인 사람이네요. 나폴레옹과 비슷한 사람 같기도 하고…….

아빠 비슷하다고 할 순 없어. 나폴레옹은 자유나 평등 등 낭만적인 이상을 내세우면서도 대부분의 문제를 전쟁으로 해결하려고 한 이율배반적인 사람이었다면, 이 사람은 철저하게 힘의 논리를 내세우면서도 전쟁과 외교를 고루 사용한 현실주의자였어. 결과적으로 나폴레옹이 영웅적인 인생을 살다 한순간 몰락한 반면, 이 사람은 왕의 충직한 신하였지만 자신의 힘으로 통일 제국을 건설했어. 그리고 비록 전쟁을 통해 성취를 이루었지만 비스마르크를 호전적이라고 평가하는 사람은 드물어.

딸 나폴레옹보다 더 나은 사람이라니 정말 대단하네요.

아빠 나폴레옹은 전쟁의 승패뿐만 아니라 유럽 사람들의 의식이나 제도에 미친 영향이 대단하니깐, 두 사람은 동일한 기준으로 놓고 비교할 수는 없겠지. 하지만 근대 이후 정치인 중 비스마르크만큼 성공을 거둔 사람은 드물어. 특히 정치·외교 분야에서 지도자의 자질이나 통일과 사회복지 정책 등에서 연구사례로 자주 등장하는 인물이야. 그 역시 한계는 있었어. 융커라는 지주계급 출신으로 보수적인 성향을 보였고, 자유·평등이나 법치주의와 같은 새로운 시대적 가치를 추구한 사람은 아니라는 비판을 받기도 해. 아빠 생각에는 이 사람이야말로 마키아벨리의 『군주론』에 충실한 사람이 아닌가 싶다.

딸 비스마르크가 『군주론』에 충실하다는 것은 어떤 뜻이에요?

아빠 철저히 현실주의적인 정책을 폈고, 명분이나 도덕, 법적으로 다소 비난받을 만한 행동도 감수했다는 거야. 먼저 오스트리아를 포함해 독일을 통일하는 것은 어렵다고 판단해 프로이센 중심의 통일을 목표로 세웠어. 오스트리아와의 전쟁은 피할 수 없다고 생각했거든. 미리 이탈리아와 동맹을 맺고, 프랑스와 러시아로부터 중립을 약속받고 오스트리아가 지배하던 북독일의 홀슈타인을 공격했어. 월등한 군사력으로 불과 3주 만에 점령하고 7주 만에 굴복시켰어.

독일의 통일

딸 그렇게 해서 독일은 통일된 거예요?

아빠 사실상 통일된 셈이었어. 하지만 프랑스가 견제했기 때문에 독일 지역의 통일은 쉽지 않았어. 그러던 중 스페인 왕위계승을 둘러싸고 프랑스와 프로이센 양국 국민들의 감정이 극도로 악화되었고, 결국 프랑스의 나폴레옹 3세가 먼저 선전포고를 했어. 비스마르크의 의도대로 된 셈이었어. 프랑스가 전쟁을 일으켜 독일은 방어하는 것처럼 명분을 찾은 거지.

딸 비스마르크의 뜻대로 전쟁이 시작되었고, 결국 프로이센이 이겼다는 거네요?

아빠 프로이센이 불과 2달도 안 돼서 쉽게 이겼어. 나폴레옹 3세는 포로로 잡히기도 했어. 이 보불전쟁을 끝으로 북부뿐만 아니라 남부까지 아우른 독일의 통일이 완성되었어. 1871년 1월엔 베르사유궁전 거울의 방에서 빌헬름 1세는 통일 독일의 황제로 등극했고, 독일군은 파리의 개선문과 샹젤리제 거리에서 개선 행진까지 했어.

| 1871년 베르사유궁전에서 통일 독일제국의 황제로 등극한 빌헬름 1세 |

딸 프랑스인들이 엄청 싫어하지 않았을까요?

아빠 당연하지. 프랑스를 누르고 유럽 대륙의 최강자가 된 것을 과시하는 의미와 나폴레옹전쟁 때 짓밟힌 것을 복수하는 의미도 있었으니깐. 프랑스는 50억 프랑의 배상금을 지급하고, 알자스로렌을 프로이센에 내주었어. 50억 프랑은 지금으로 환산하면 1조 원도 넘는 엄청난 돈이었어. 독일은 덕분에 비약적으로 발전했으나, 프랑스는 굶어죽는 사람이 있을 만큼 어려워졌어. 두 나라 사이에는 이렇게 계속 원한이 쌓여갔고, 이 갈등이 1·2차대전까지 이어진 셈이야.

딸 통일 후에도 비스마르크가 계속 수상을 했다고 했죠?

아빠 1890년까지 19년이나 더 했어. 보통은 전쟁에서 승리하면 도취돼서 전쟁을 계속해 영토를 확장하려고 하거든. 나폴레옹이 그랬지. 그런데 비스마르크가 대단한 점이, 독일 통일 후에는 완전히 태도를 바꿨어. 전쟁을 피하고 외교 일변도의 정책을 취했거든. "전투를 앞둔 병사의 눈빛을 본 적이 있는 사람이라면 전쟁을 일으키길 주저하게 된다"라고 말하기도 했어. 그리고 사회주의자들과 자유주의자들을 견제하기 위해 실시한 사회복지 정책은 지금까지도 높은 평가를 받아.

딸 비스마르크가 정말 영리하고 현명한 사람이었군요.

아빠 독일의 통일은 거의 비스마르크의 역량에 의한 것이라고 말할 수 있어. "19세기 유럽 역사는 나폴레옹과 비스마르크라는 두 거인을 중심으로 쓰일 수 있다"라고 말한 역사가도 있어. 저렇게 동상을 세워 칭송할 만하지. 하지만 독일의 영광은 오래가지 못했어. 유럽 전체, 나아가 전 세계를 제패하고자 했지만 1·2차 대전을 일으켜 추악한 패전국이 되고 말았거든.

언젠가 일어날 수밖에 없는 큰 전쟁

딸 독일이 통일 이후에는 비스마르크가 전쟁을 피했다고 했잖아요?

아빠 1870년부터 1890년경까지를 비스마르크의 시대라고 부르는데, 그의 능수능란한 외교력으로 인해 유럽에는 짧지만 평화와 균형의 시대가 왔어. 프랑스, 러시아, 오스트리아, 영국 등과 동맹정책을 적절하게 쓰면서 그들 상호 간에 동맹하지 못하게 했어. 독일제국의 현상을 유지하면서 내적으로 성숙시키는 역할을 충분히 한 셈이야. 그런데 비스마르크를 물러나게 하고 젊은 황제 빌헬름 2세가 직접 정치를 하면서 모든 게 달라졌어.

딸 황제가 방향을 틀어 다시 전쟁에 뛰어들었다는 거죠?

아빠 비스마르크 시절 반대했던 식민지 팽창정책을 펴고, 해군력을 강화해 영국과 경쟁하기 시작하면서 유럽 전체에 갈등을 불러오고 말아. 애써 맺은 동맹도 깨지고 한없이 군사력을 강화해 군국주의 일변도로 갔지. 견해에 따라서는 이 역시 비스마르크가 남긴 군국주의와 위태로운 동맹의 영향 때문이었다고 말하는 사람도 있어. 그러다 보니 독일이 영국, 프랑스, 러시아 같은 국가들이 이미 차지한 식민지를 빼앗으려 하는 형국이 되었어. 제국주의 경쟁에 뒤늦게 뛰어들다 보니 앞선 국가들과 충돌한 건 당연한 결과이지.

딸 결국 독일이 제국주의로 나아가면서 세계대전이 일어났다는 거예요?

아빠 가장 큰 요인인 건 분명해. 하지만 세계대전이 꼭 그렇게 독일 하나만의 잘못 때문이라고 단순화할 순 없어. 역사학자들은 1차대전이야말로 우연한 사건들이 연달아 벌어지면서 언젠가는 일어날 수밖에 없는 큰 전쟁이 터진 것이라고 말하기도 한단다.

딸 우연한 사건들과 언젠가는 일어날 수밖에 없는 큰 전쟁이라고요?

아빠 1914년 6월에 보스니아의 수도 사라예보에서 세르비아의 청년이 오스트리아 황태자 부부를 권총으로 암살한 '사라예보 사건'이 벌어졌어. 그곳이 발칸반도라고 원래 오스만제국이 차지한 지역이었는데, 그 힘이 약해지자 여러 나라가 독립을 했어. 그중 슬라브족이 많이 살던 세르비아가 1878년에 독립해 주변 지역에 세력을 넓히려고 했어. 그런데 오스트리아가 프로이센과의 전쟁에서 패한 후 남쪽으로 관심을 돌려 보스니아와 헤르체고비나를 합병했어. 그러자 오스트리아를 싫어하는 세르비아의 단체에서 저지른 행동이 1차대전의 직접적인 발발원인이 되었지.

딸 오스트리아 황태자가 암살당한 게 세계대전으로까지 될 만한 이유가 있었어요?

아빠 오스트리아가 1914년 7월 28일 세르비아에 전쟁을 선포하자 러시아가 슬라브족을 보호한다는 명분으로 총동원령을 내렸고, 독일이 오스트리아 편을 들어 러시아와 동맹국인 프랑스에도 선전포고를 했어. 독일은 서부지역에서 프랑스를 신속히 함락시키고 역량을 동부전선 러시아 쪽으로 옮긴다는 '슐리펜계획'을 미리 세워 놓고 있었어. 이에 따라 프랑스를 먼저 침공하는데 중립국 벨기에가 길을 내주기를 거부하자 벨기에를 침공해. 그러자 영국은 독일이 중립국 벨기에를 침공했다는 이유를 들어 참전하면서 유럽 전체가 전쟁에 휩싸이게 된 거야.

딸 프로이센은 오스트리아와 전쟁 끝에 통일을 했잖아요. 왜 이번에는 독일이 오스트리아의 편을 들었어요?

아빠 빌헬름 2세가 외교체제를 개편하면서 러시아를 버리고 같은 민족이라는 점을 내세워 오스트리아 편을 들었는데, 이건 빌헬름 2세의 대단한 패착이었지.

딸 그럼 독일이 오스트리아와 연합하고, 프랑스와 러시아가 연합한 거예요?

아빠 좀 더 복잡해. 원래 영국과 프랑스, 러시아는 전통적인 앙숙이었어. 그런데 독일이 자꾸 군사력을 키우고 팽창정책을 쓰니깐 그 나라들이 연합하기 시작한 거야. 러시아는 1894년에 프랑스와 연합했고, 영국 역시 1907년에 러시아와 동맹을 맺었어. 이걸 '삼국협상'이라고 해. 반대로 독일은 오스트리아, 이탈리아와 함께 '삼국동맹'을 맺었어. 이런 식으로 서로 얽혀서 대립하고 있었기 때문에 돌이켜보면 꼭 사라예보 사건이 아니었더라도 큰 전쟁이 벌어질 위기에 있었지.

딸 그럼 주로 독일과 연합국과의 싸움이었어요?

아빠 오스트리아나 발칸의 여러 나라들이 뒤섞여 싸우고, 아시아에서도 일본이 독일에 대항하기도 했지만, 기본적으로는 독일이 서부전선에서 프랑스, 동부전선에서 러시아와 싸우고, 영국이 프랑스와 러시아 편에 가세해서 싸우는 형국이었어. 해상에서는 독일과 영국이 대립했고. 독일이 다른 나라를 침공하는 형태로 전쟁이 시작된 건 맞아. 그런데 전쟁의 양상이 완전히 기존과 다르게 진행됐어. 몇 개월이면 끝날 줄 알았던 전쟁이 4년가량 지속되었고, 유럽에서만 900만 명 이상이 사망하고 2,000만 명 이상이 부상을 입는 어마어마한 인명피해가 발생했어.

예상할 수 없었던 끔찍한 전쟁

딸 1,000만 명 가까운 사람이 전쟁으로 죽었다는 건 상상도 하기 어려워요!

아빠 그러니깐 세계대전이라고 하지. 사실 1871년 프로이센·프랑스 전쟁 이후 1914년 1차대전 이전까지 유럽은 '벨 에포크'라고 해서 비교적 평화롭고 풍요로운 시절이었어. 독일이나 프랑스나 40여 년간 전쟁이 없어서인지 전쟁에 관해 아주 낭만적인 생각을 가진 사람이 많았다고 해. 그러다 보니 1차대전의 특이한

| 참호전과 철조망으로 대표되는 제1차세계대전 |

점 중 하나는 자원해서 입대하는 젊은이들이 넘쳤다는 거야.

딸 그렇게 많은 사람들이 죽은 전쟁에 자원해서 입대하다니, 이해할 수 없어요.

아빠 그 무렵 유럽에서 애국심과 민족주의 열풍이 불었고, 각국에서는 경쟁적으로 참전이 애국애족의 최선이라고 부추겼어. 그리고 역사상 손꼽힐 정도로 크고 끔찍한 전쟁이 되리라고 예상한 사람이 없었어. 특히 독일은 기존에 오스트리아나 프랑스에게 쉽게 이겼던 경험이 있어서 전쟁에 자신감이 있었어. 그런데 예상 밖이었지. 양측에서 참호를 파놓고 계속 대치하면서 인명만 살상시키고 누가 이겼다고 하기 어려운 상태로 4년 이상 소모

전으로 지속되었어. 1차대전의 참상은 레마르크의 『서부전선 이상 없다』, 헤밍웨이의 『무기여 잘 있거라』 등의 문학작품에 잘 묘사되어 있단다.

딸 결국 1차대전은 독일이 패배했잖아요?

아빠 전쟁이 장기화되자 독일에서 1917년에 이르러 영국의 해상봉쇄 작전에 맞서기 위해 잠수함을 이용해 연합국과 중립국 선박을 가리지 않고 공격했어. '무제한잠수함작전'이라고 상당히 효과가 있었지만, 중립국들이 피해를 입으니까 적으로 돌아섰어. 미국은 1917년 4월에 자국인과 상선이 피해를 입었다는 이유로 독일에 선전포고했어. 독일은 군수물자 보급을 끊으려다 오히려 미국을 참전시키고 말았지.

딸 미국의 경제력이나 군사력은 세계 최고잖아요?

아빠 1차대전 전까지만 해도 그렇지는 않았어. 그런데 전쟁이 일어나자 연합국 측에 군수물자를 팔아 엄청난 이득을 챙겨 최강대국으로 올라섰어. 프랑스나 독일이 전쟁으로 지쳐갈 때 미국은 연합국에 물자조달과 병력공급을 했지. 때마침 러시아에서 혁명이 일어나 독일은 동부전선에서 평화조약을 체결하고 1918년 봄에는 프랑스의 서부전선에서 대공세를 펼치기도 했어. 하지만 미군이 하루에 1만 명씩 투입되면서 그해 여름부터 서부전선에서 밀리기 시작했어. 독일 내에서도 더는 견디지 못하겠다며 11월에 혁명이 일어났고, 이에 곧바로 연합국과 휴전했어.

딸 혁명이 일어났다는 건 전에 프랑스처럼 독일도 이제 황제가 물러났다는 뜻인가요?

아빠 맞아. 독일 황제 빌헬름 2세가 폐위되어 네덜란드로 망명하고, 공화국이 들어섰어. 러시아제국도 붕괴되어 최초의 사회주의 공화국이 들어섰고, 오스트리아·헝가리제국 역시 여러 나라로 갈라졌어. 오스트리아는 작은 공화국이 되어 인구가 1,000만 명이 되지 않았고, 오스만제국도 영토를 거의 잃고 터키공화국이 되었어. 황제를 표방한 나라들은 다 없어지고 영토도 많이 잃었지.

1차대전 후의 독일

딸 전쟁 후 독일은 어떻게 되었어요?

아빠 이상주의자에 가까웠던 미국 대통령 윌슨은 1918년 '민족자결주의'나 '승리 없는 평화'를 주장하는 14개조 평화원칙을 발표했어. 민족자결주의는 우리나라의 3·1운동처럼 약소민족의 독립국가를 향한 열망을 부추겼지. 그러나 복수심에 불타던 승전국들에게는 그다지 받아들여지지 않았어.

딸 프랑스를 여행할 때, 베르사유궁전에서 1차대전이 끝나고 거울의 방에서 베르사유조약을 체결했다고 한 게 기억나요.

아빠 승전국들은 1919년 6월의 베르사유조약으로 독일에게 굴욕적인 조건을 강요했어. 해외 식민지를 모두 포기하였고, 알자스와 로렌을 프랑스에 넘겨주고, 폴란드 지역을 독립시키는 등 영토도 많이 잃었어. 무엇보다도 1,320억 마르크라는 전쟁배상금을 물게 했는데 이는 당시 독일의 2년간 국민총생산과 맞먹었단다. 독일에는 너무나 가혹했어. 결국 히틀러의 나치가 2차대전을 일으키는 원인이 되었어.

딸 그렇게 많은 사람이 죽는 세계대전을 겪고도 다시 전쟁에 뛰어들다니……. 그 시절에는 사람의 목숨을 하찮게 여겼던 걸까요?

아빠 이런 전체주의 체제 아래에서 인간은 하나의 도구에 불과하다는 것을 깨달아야 해. 1차대전의 상징은 참호전과 철조망이야. 권력자들이 멋모르는 청춘들을 애국심으로 선동해 전장으로 끌어들였어. 추위와 굶주림에 시달려 생존마저도 버거운 생명들을 포탄과 기관총탄이 무차별적으로 쏟아지는 참호 밖으로 줄지어 뛰어나가게 했어. 그렇게 해서 하루에도 수만 명씩 죽게 하는 게 과연 인간이 할 짓인가 묻고 싶다.

딸 아마도 독일이 1차대전에서 패배하고 겪은 고통도 대단했을 텐데요.

아빠 어마어마한 전쟁배상금을 주기란 사실상 불가능이었어.

새 정부 바이마르공화국에서는 배상금을 마련할 능력이 안 되니깐 돈을 마구 찍어서 갚기 시작했어. 생산은 부족한데 돈은 늘어나니깐 물가가 오르지. 이런 현상을 인플레이션이라고 하는데, 당시 독일에서 발생한 엄청난 인플레이션은 역사적으로 유명하다. 애초의 1,320억 마르크는 330억 달러였으니깐 1달러에 4마르크였어. 그런데 1달러가 1922년 6월에는 300마르크, 10월 말에는 4,500마르크, 1923년 초에는 5만 마르크가 됐고, 11월에는 무려 12조 마르크까지 되었어. 우표 한 장이 5,000만 마르크, 빵 한 덩어리가 5억 마르크였다니 놀랍지. 고액권으로 바꾸기 위해 돈을 수레로 싣고 다니는가 하면, 지폐로 난로에 불을 때기도 했어. 땔감을 사는 것보다 지폐를 태우는 것이 더 오래 탔기 때문이야.

딸 그 정도 되면 독일의 돈은 화폐로서의 가치가 거의 없었겠는데요?

아빠 저축한 돈은 전부 휴지 조각이 되고, 노동자들은 굶어죽을 지경이 되자 폭동이 그치지 않았어. 이에 미국이 나서서 배상금도 깎아주고, 원조도 하고, 2억 달러를 빌려주기도 했어. 그리고 1조 마르크를 새 화폐 1마르크로 바꾸는 화폐개혁으로 인플레이션이 가라앉았어. 이렇게 1920년대 중반 이후 독일 경제가 급속하게 회복되어 갔는데, 이젠 미국에서 문제가 발생한 거야.

1929년에 대공황이 터지면서 미국이 해외의 돈을 모두 거두어 들이기 시작했어. 다시 독일은 재기불능 상태가 되었지. 그런 어려운 시절에 아돌프 히틀러가 혜성처럼 등장한 거야.

나치와 히틀러

딸 히틀러는 독일인들에게 인기가 많았다고 들었어요.

아빠 탁월한 웅변가였고, 아주 명확한 주장을 했어. 베르사유 조약 파기, 배상금 지불 중지, 강력한 독일 재건, 군비확충과 국토확장, 민주주의 반대, 공산주의 타도, 독일 민족 우선주의, 유대인 말살 등이었어. 전후 힘들고 의기소침했던 독일인들에게 구세주처럼 생각되었고, 일부 지식인들을 빼고는 거의 다 열광했다고 해.

딸 그럼 히틀러가 쿠데타로 정권을 빼앗은 게 아니라 정상적으로 독일의 지도자가 되었다는 거예요?

아빠 맞아. '국가사회주의 독일 노동자당'을 독일어로 줄여서 나치(Nazi)라고 하는데, 그 당수로 1932년 7월 선거에서 제1당이 된 다음에 1933년 1월 합법적으로 총리로 임명되었어. 총리가 되자 '민족과 국가의 위난을 제거하기 위한 법률(수권법)'을 제정해 의회로부터 전권을 위임받아 강력한 독재체제를 구축하고 반대세력을 제거했어. 1934년 8월에 국민투표를 통해 총통이 되었는데, 이때부터 중세의 신성로마제국, 통일 독일제국 다음의 제3제국이라고 부른다.

딸 황제나 다름없는 권력을 행사했다는 거예요?

아빠 그렇지, 의회로부터 모든 권한을 위임받았으니 히틀러의 명령이 곧바로 법이 되는 형식이지. 그리고 대중집회나 언론통제, 선전선동을 통해 국민들을 히틀러 숭배자로 만들었어. 영화에서 보면 "하일 히틀러!('히틀러 만세'라는 뜻)"라고 인사하는 게 나오잖아. 나치 무장 친위대와 게슈타포와 같은 비밀경찰을 통해 다른 사상이나 세력을 용납하지 않았고, 늘 국가와 민족을 앞에 내세웠으니 전형적인 전체주의 독재정권이지.

딸 독일이 아주 어려운 상황이었는데 어떻게 히틀러가 다시 전쟁준비를 해서 2차대전을 일으킬 수 있었을까요?

아빠 아빠도 그걸 참 이해하기 어려웠다. 전에도 말했지만, 어느 나라나 강력한 독재체제를 구축하면 단기적인 성과는 분명히 나타나. 히틀러가 집권하고 1938년까지 5년 동안 실업률은 34%에서 5% 수준으로 떨어지고 산업생산은 60%, 국민총생산은 40%가 증가되는, 기적에 가까운 경제성장을 이루었어. 이게 가능했던 이유는 국가가 완전히 통제하고 주도했기 때문이야.

딸 히틀러가 정치를 잘한 거네요?

| 전후 어려운 시절에 독일의 영웅으로 등극한 히틀러 |

아빠　여러 가지 부작용이 있고 바람직하지 않은 점도 있지만 성과만 놓고 보면 기록적이야. 하지만 히틀러의 정책은 폐쇄적 자립경제였고, 군수산업에 치중했어. 독일의 영토 회복, 나아가 흩어진 게르만 민족의 통일과 세력 확대를 주장하면서 군사력도 4~5배로 확충했어. 프로이센 시절부터 특히 군사적으로 대단한 잠재력을 비축하고 있었기 때문에 단기간에 가능했지.

딸　결국 히틀러는 전쟁으로 영토를 확장하려고 했다는 거죠?

아빠　그렇지. 국민들은 1차대전 당시 자기 영토 안에 외국군을 들이지도 않은 상태에서 항복했기 때문에 패배를 받아들이기 힘들었어. 그런데 히틀러가 고통의 책임을 외부로 돌리고 민족주의를 자극하면서 온 국민이 광적으로 빠져들었어. 다시 전쟁으로 승부를 보자는 열기에 휩싸였지. 오늘날까지 세계사에 가장 큰 영향을 미치고 있는 2차대전의 흔적을 찾아가 이야기를 계속 해보자.

카이저빌헬름교회, 홀로코스트 메모리얼,
체크포인트 찰리에서

2차대전이 역사상 최악의 비극이라고요?

카이저빌헬름기념교회, 홀로코스트 메모리얼, 체크포인트 찰리에서

100번 버스가 출발하는 베를린 동물원역 바로 앞에는 폭격을 맞아 부서진 교회가 있다. 1943년 9월의 공습과 1945년 4월의 폭격으로 첨탑의 일부와 중앙 현관만 남긴 채 파괴된 카이저빌헬름기념교회다. 독일인들은 빌헬름 1세의 독일 통일 기념으로 세운 이 교회의 부서진 형상을 그대로 남겨둬 전쟁의 비참함을 기억하고자 한다.

브란덴부르크문을 지나 포츠담 광장 방향으로 걷다 보면 홀로코스트 메모리얼이 나온다. 무릎 정도에서 5m 정도까지 높이만 다르고 가로세로 규격은 같은 어두운 회색빛 2,711개의 직육면체 조형물은 살해당한 유대인의 관을 상징하는 듯해 모골이 송연해진다. 2차대전 당시 유럽에서만 4,500만 명이 죽고, 유대인이라는 이유만으로 600만 명이 학살당했다는 것은 충격이었다. 인류의 양심과 실존을 부르짖고 전쟁범죄자를 단죄하기도 했지만 동서체제 대립으로 희석되기도 했다.

독일의 패망 후 연합군은 독일 전역과 수도 베를린을 각기 4등분했고, 1949년에 서방 연합국의 점령지역에는 서독이, 소련 점령지역에는 동독이 세워졌다. 서베를린으로 이탈하는 주민이 많이 생기자 동독은 1961년에 서베를린의 경계를 둘러싸는 155km의 장벽을 만들었다. 베를린장벽은 냉전의 상징이 되었고, 장벽을 넘어 서독으로 가려다 목숨을 잃은 이들도 있었다.

체크포인트 찰리는 분단 시대 미군이 관할하는 검문소였고, 주변을 베를린장벽이 둘러싸고 있었다. 지금은 검문소 형태의 건물과 앞뒤로 미군과 소련군 병사의 사진을 담은 커다란 표지판이 설치되어 있고, 그 아래에서는 군복을 입은 사람들이 기념촬영을 해주곤 한다. 바로 옆에는 체크포인트 찰리 박물관과 베를린장벽을 보존한 몇 개의 기념관이 있어 냉전 당시의 긴박했던 상황을 짐작하게 한다. 미국과 소련의 냉전은 20세기 중후반까지 전 세계를 지배했고, 그 흔적은 아직까지도 한반도에 남아 있다.

아이들과 세계대전의 흔적을 찾아다녔다. 아이들은 지금껏 보아온 권력투쟁과는 비교가 되지 않는 거대한 악과 지나치게 큰 희생을 쉽사리 실감하지 못했다.

카이저빌헬름기념교회

8장

2차대전이
역사상 최악의 비극이라고요?

다시 세계대전을 일으키다

딸 아빠, 베를린에 와서 제일 인상적인 건물이 저 교회예요. 전쟁 때 지붕이랑 벽이 저렇게 부서졌어요?

아빠 그래. 카이저빌헬름기념교회라고 하는데, 원래 빌헬름 1세의 독일 통일을 기념하기 위해 1890년대에 지었단다. 2차대전 당시 폭격으로 크게 파괴되었는데, 전쟁의 아픔을 기억하기 위해 모양을 그대로 유지하고 옆에 현대적인 예배당만 새로 지었어.

딸 히틀러가 결국 2차대전을 일으킨 거죠?

아빠 먼저 1938년 3월에 독일은 오스트리아를 병합했어. 전에 말한 대로 오스트리아·헝가리제국은 1차대전 이후 많은 땅을 잃고 작은 공화국이 되었어. 같은 민족이기도 했고, 히틀러가 원래 오스트리아 출신이었기 때문에 인기가 높았어. 오스트리아 나치당이 주동이 되어 합병을 원했고, 독일군이 환영을 받으면서 들어갔어. 국민투표까지 거쳐 오스트리아와 독일의 재통일을 결의했기 때문에 다른 나라에서도 딱히 할 말이 없었어.

딸 독일이 오스트리아를 병합한 후에 더 강력해진 거예요?

아빠 히틀러는 게르만 민족주의를 계속 자극했고, 이번에는 독일인 300만 명이 거주하는 체코슬로바키아의 서쪽 지역인 수데테란트에서 독일과 병합되기를 원한다는 이유로 점령했어. 이를 두고 영국과 프랑스, 이탈리아, 독일의 수뇌가 모여 1938년 9월에 '뮌헨협정'을 체결했어. 더 이상 영토를 요구하지 않는다는 히틀러의 약속을 받고 수데텐 지역을 독일이 병합하는 것을 허용하는 내용이었어. 전쟁을 피하기 위해 체코를 희생한 셈이었는데, 이건 외교사에서 실패한 유화정책의 대표 사례로 꼽혀. 히틀러는 이후 6개월 만에 무력을 앞세워 체코의 나머지 부분까지 점령해버렸거든.

딸 그럼 프랑스나 영국이 가만있지 않았을 텐데요?

아빠 1차대전의 참상을 겪었기에 되도록 전쟁을 피하려는 분위기였어. 그런데 독일이 소련과 불가침조약을 체결한 후 1939년 9월 폴란드를 침공하자, 영국과 프랑스가 독일에 선전포고를 하는데 이것이 일반적으로 2차대전의 시작으로 간주된단다.

2차대전, 독일과 연합국의 전쟁

딸 2차대전은 다시 독일과 연합국과의 전쟁인 거네요?

아빠 그렇지. 그런데 초반 독일의 기세가 1차대전과는 비교가 되지 않을 만큼 매서웠어. 폴란드가 영국, 프랑스로부터 도움을 받아 강력히 저항했지만, 독일은 물론 동쪽에서 쳐들어온 소련에까지 당해 완전히 초토화되었어. 그 사이 독일은 1940년 4월부터 덴마크, 노르웨이, 네덜란드, 벨기에, 룩셈부르크 등을 순식간에 점령하고, 프랑스까지 밀고 들어가서 불과 6주 만에 파리까지 함락시켰어. 1차대전 때 서부전선 프랑스 영토에서 4년 이상 대치했던 것에 비하면 정말로 놀라웠어.

딸 독일이 어떻게 그렇게 강해질 수 있었죠?

아빠 독일은 고도로 발달된 무기와 기술을 사용하는 현대전 개념으로 탈바꿈한 반면, 다른 나라들은 아직도 1차대전 때 전술에 머물러 있었어. 예를 들면, 프랑스는 1차대전 때 참호전 기억이 있어서 공격에 비해 방어전술이 유리하다고 생각했어. 독일과 접경지역에 '마지노선'이라고 10년 동안 거액의 돈을 쏟아부어 총 길이 750km의 단단한 요새를 쌓아서 방어를 했어. 그런데 독일은 아예 옆으로 돌아 중립국 벨기에를 함락시킨 후 그쪽을 통해 프랑스를 침공한 것이야. 독일군은 탱크와 비행기 합동작전으로 '전격전'이라고 불린 기동전을 펼친 반면, 프랑스는 낡은 방식으로 대응하고 있었던 셈이야.

딸 파리까지 점령당한 프랑스는 이제 독일의 식민지가 되었겠네요?

아빠 프랑스는 1940년 6월에 항복을 했어. 워낙 단기간에 항복해서 1차대전보다 피해는 훨씬 적었어. 독일은 파리를 비롯한 북프랑스 지역과 대서양 연안 지역까지 직접 점령하고, 남프랑스 지역은 페텡이라는 사람을 내세워 꼭두각시 정부를 세웠어. 페텡은 원래 1차대전의 영웅이었는데 아흔 가까운 나이에 매국노가 되었어. 전쟁이 끝나고 사형선고를 받아 감옥에서 생을 마감했지. 그에 반해서 샤를 드골은 영국으로 망명해 '자유프랑스'라는 단체를 이끌면서 끝까지 저항했어.

딸 드골은 유명해요. 파리의 공항 이름도 샤를 드골이고, 개선문도 샤를 드골 광장에 있었잖아요?

아빠 드골은 프랑스인들이 가장 존경하는 인물로 매번 꼽혀. 프랑스의 독립을 위한 구심점 역할을 했고, 해방 후 대통령이 되어 나치에 부역한 사람들을 가혹할 정도로 응징했어. 우리나라로 따지면 김구 같은 인물이 대통령이 되어서 친일파를 철저하게 청산한 것이지. 전후에 프랑스가 영국이나 미국에 밀리지 않고 대등한 발언권을 행사할 수 있었던 건 드골의 당당한 태도와 뛰어난 정치력이 큰 기여를 했다고 해.

시대가 만든 영웅, 처칠

딸 프랑스까지 넘어갔으면 유럽 대륙은 독일이 다 차지했겠는 걸요?

아빠 영국과 소련만 남고 대륙의 주요 지역은 독일이 거의 점령했어. 프랑스의 레지스탕스나 동유럽의 파르티잔같이 점령군에 맞서 끝까지 게릴라전을 전개한 사람들도 있긴 했어. 나중에 연합군의 일원으로 활약하기도 하고 독립의 영웅이 되기도 했어. 히틀러는 1940년 8월부터 런던을 비롯한 영국의 주요 도시들을 전투기로 무차별 폭격했어. 영국에서도 독일과 적당히 타협해 평화협상을 하자는 사람도 있었지만 전시에 수상이 된 윈스턴 처칠은 결연하게 "싸우다 패한 나라는 일어나지만, 비겁하게 굴복하면 망한다"라고 연설했어. 9개월간 독일의 공습으로 초토화가 된 상황에서도 영국 국민은 의연하게 버텼고, 영국의 공군은 치열하게 공중전을 벌여 독일 공군을 물리쳤어.

딸 그렇게 영국은 독일에 승리했어요?

아빠 승리했다기보다 일단 방어는 해낸 셈이야. 영국이 워낙 완강하게 저항하니까 독일은 영국 본토 상륙전을 감행하지 못하고 소련침공으로 길을 돌린 거지. 영국이 공습당한 모습과 처칠의 연설은 참전에 주저하던 미국인들의 마음도 움직였고, 루스벨트 대통령이 1941년 '무기대여법'을 통과시켜 영국에 대량의 무기

| 독일에 결사항전하여 2차대전을 승리로 이끈 처칠 |

를 공급하게 되는데 미국의 사실상의 참전이었어.

딸 나라가 어려울수록 훌륭한 지도자의 역할이 중요하다는 사실을 다시 깨닫네요.

아빠 그렇지. 처칠의 결사항전이 아니었으면 오늘날 영국만 아니라 전 세계의 역사가 달라졌을 거라고 보는 의견도 많아. 처칠은 지난 1,000년간 가장 위대한 영국인 투표에서 1위를 차지하기도 했어. 나라를 백척간두에서 구해냈거든. 하지만 사실 처칠은 결점투성이였어. 귀족 출신이긴 했지만 작은 키에 뚱뚱하고 머리숱도 없어서 외모가 훌륭하지 않았어. 학창시절에 우등생이 아니어서 낙제도 여러 번 했고, 3수 끝에 사관학교에 들어갔어. 나중에 『제2차세계대전 회고록』으로 노벨문학상을 받을 정도로 문학적 소질은 있었지만 수학 실력은 최악이었어. 성격도 독선적이고 고집불통이었기 때문에 토론과 합의를 중시하는 영국식 의회민주주의에 적합한 사람도 아니었어. 해군장관으로 1차대전에서 대패하고 재무장관을 하면서 잘못된 정책으로 대공황을 불러왔다는 평가를 받기도 했어.

딸　그런데도 어떻게 총리까지 오를 수 있었어요?

아빠　시대가 영웅을 만든다고 하지. 그 시대가 필요로 하는 사람이었어. 처칠은 애초부터 나치에 대한 유화책을 비판했고, 처칠의 판단이 옳았음이 증명되었어. 전황이 불리한 상황에서 총리직을 맡으려는 사람도 없었기 때문에 2차대전이 터지자 총리를 할 사람이 단호한 의지를 가진 처칠 외에는 없었어. 전후에 옥스퍼드대학 연설에서 "절대로 포기하지 말라(Never give up!)"고만 여러차례 반복하고 내려왔다는 일화는 유명하단다.

딸　진짜로 용기를 주는 사람이네요. 수학을 못해도, 낙제를 거듭하고, 대학에 2번이나 떨어져도 훌륭한 사람이 될 수 있다니…….

아빠　하하하, 인간적으로나 사상적으로 비판받을 점도 꽤 있긴 하지만, 그래도 아빠는 젊은이들이 본받을 사람으로 처칠을 꼭 추천하고 싶다. 어쨌든 영국이 이렇게 독일에 대항하는 사이에 독일은 소련을 침공하는 쪽으로 방향을 돌렸어.

냉혹한 인간, 스탈린과 히틀러

딸 아까 독일이 소련과 불가침조약을 체결하고 폴란드를 함께 공격했다고 하지 않았어요?

아빠 그러니까 전쟁이 추악하지. 서부 유럽을 대부분 점령한 히틀러는 이제 소련의 석유와 식량과 자원이 탐나서 불가침조약을 폐기하고 1941년 6월 소련을 침공했어. 영국과 미국의 해상봉쇄로 자원조달이 원활하지 못한 것도 이유야. 독일은 300만 명으로 이루어진 150개 사단, 인류 역사상 최대의 침략군을 투입했어. 전격전으로 거침없이 밀고 들어가서 순식간에 모스크바 인근까지 쳐들어갔는데, 원래는 겨울이 되기 전에 전쟁을 끝낼 계획이었어. 그런데 히틀러 역시 나폴레옹처럼 소련을 과소평가한 거지.

딸 소련이 생각보다 훨씬 강했다는 뜻이에요?

아빠 일단 소련은 땅이 넓었어. 후퇴하면서 자기 땅을 초토화시켰어. 농작물도 불태우고 다리도 파괴하고 건물도 부숴버려서 독일군이 막상 차지할 게 없었어. 인구도 많은 나라라서 계속해서 병력을 보충해 인해전술을 썼어. 그러던 차에 겨울이 닥쳐 영하 30~40도까지 내려가자 독일군이 상대적으로 더 어려워졌어. 결국 소련군은 수도 모스크바를 방어해냈고, 제2의 도시 레닌그라드도 사수했어. 그 후 반격을 시작했는데 2차대전 전체를 통틀어 최대의 전투가 소련 땅에서 벌어졌지. 1942년 7월부터 6개월 동안 소련의 남부 스탈린그라드전투에서 소련군이 대승을 거두었어. 독일군 22개 사단이 해체되고, 15만 명이 죽었어. 독일이 동원한 다른 나라 군인도 30만 명 이상 죽거나 포로가 되었어. 소련이 승리했지만 소련 역시 100만 명이 넘는 군인과 민간인이 목숨을 잃었다고 하니 정말 놀라운 수치지.

딸 한 전투에서 100만 명 이상이 죽었다면 큰 도시 인구 전체가 몰살된 거나 마찬가지잖아요?

아빠 그렇지. 아빠는 역사상 가장 냉혹한 두 인간 히틀러와 스탈린이 맞붙어 사람을 짐승만도 못하게 희생시켰다고 생각한다. 그들이 내세운 국가와 민족이 대체 무엇을 위해 존재하는지 묻고 싶다. 어쨌거나 많은 역사가들은 스탈린그라드전투와 연이어 소련이 기갑전에서 승리한 쿠르스크 전투가 2차대전의 가장 큰 전환점이었다고 평가해. 이후 소련군은 독일군을 완전히 몰아내고 동유럽 국가들까지 대부분 점령한 후 베를린까지 밀고 내려갔어. 그사이 미국과 영국, 프랑스의 연합군이 노르망디상륙작전에 성공해 프랑스를 탈환하고 독일까지 진격했어.

| 연합군의 승리에 크게 기여한 노르망디상륙작전 |

딸 노르망디상륙작전은 많이 들어본 것 같아요. 영화에도 자주 나와요.

아빠 1944년 6월 6일 프랑스의 대서양 연안 노르망디 해안가에 15만 명 이상의 연합군이 상륙했어. 사상 최대의 작전으로 2차 대전에서 가장 극적인 장면이라고 해.

딸 그때부터 연합군의 반격이 시작되었어요?

아빠 맞아. 연합군은 프랑스의 내륙으로도 공수부대를 보내 합동작전 끝에 해안에 교두보를 확보했어. 그리고 대규모 병력과 물자를 투입해 독일군을 점차 동쪽으로 패퇴시켰어. 8월 15일에 지중해 쪽으로도 상륙했고, 결국 8월 25일에 파리를 탈환했어.

엄청난 희생과 독일의 패망

딸 이제 연합군이 독일로 쳐들어갔네요?

아빠 미국과 영국 연합군은 1945년 2월에 독일의 라인강까지 진격했고, 이탈리아 쪽으로도 올라와 4월에 이르러 독일 영토의 서쪽을 모두 차지했어. 그사이 소련은 동쪽에서 폴란드, 헝가리, 오스트리아 등 동유럽 국가를 모두 점령하고 4월에 베를린까지 진격했어. 베를린을 지키기 위한 독일군과 점령하기 위한 소련군 사이에서 대단한 격전이 벌어졌어.

딸 소련 혼자 베를린을 공격한 거예요?

아빠 연합군 사이에 독일 전체와 베를린을 각기 분할해서 점령하기로 합의했고, 베를린이 동북쪽에 치우쳐 있었기 때문에 소련이 먼저 도달했어. 서방연합군은 히틀러가 뮌헨 쪽으로 내려올 줄 알았지만 히틀러는 베를린을 지키고 있었고, 소련군과 독일군 사이에 처절한 전투가 일어났어. 독일군과 민간인 30만 명, 소련군 10만 명 이상이 희생되었고, 베를린은 초토화되었지. 소련은 막대한 희생을 치렀지만 베를린을 점령해서 전쟁 후 상당한 영향력을 행사할 수 있게 되었어. 소련군이 지하벙커의 400m 앞까지 진군해온 4월 30일, 히틀러는 청산가리를 먹고 권총으로 자살했어. 다음 날 악명 높은 선동가 괴벨스도 죽었어.

딸 히틀러가 죽었으니 이제 독일이 항복했어요?

| 파괴된 제국의회 의사당에 소련군 병사가 소련기를 꽂고 있는, 독일의 패망을 상징하는 대표적인 모습 |

아빠 히틀러가 죽고 베를린 방위군은 5월 2일에 곧바로 항복했어. 제국의회 의사당에 소련군 병사가 적기를 꽂는 장면은 독일의 패망을 상징하는 유명한 사진이야. 거기에 보면 폭격으로 폐허가 된 베를린 시내와 의사당의 모습을 볼 수 있어. 지금은 통일 후 재건해서 연방의회 의사당으로 새로 태어났지만, 아직도 안에는 소련군이 당시에 한 낙서가 그대로 보존되어 있어. 결국 독일은 5월 8일 연합군에, 5월 9일에 소련군에 공식적으로 항복했어.

딸 연방의회 의사당이 지금은 이렇게 근사한데, 사진을 보니 정말 처참하게 파괴되었네요. 2차대전의 피해는 대단했을 것 같은데, 도대체 얼마나 많은 사람들이 죽었어요?

아빠 2차대전의 사상자 통계는 정확하지 않지만, 일반적으로 일본과 미국의 태평양전쟁까지 합쳐 전 세계적으로 6,500만 명에서 8,000만 명에 달하는 것으로 알려져 있어. 군인 사망자 수는 1차대전보다 약간 적었지만, 특히 민간인 사망자 수가 엄청났어. 유럽에서 사망자 수는 대략 4,500만 명이었는데, 자그마치 2,600만 명이 소련인이었고, 독일인이 800만 명이었어. 비율로는 폴란드가 인구의 16%, 소련이 14%, 독일이 9%였는데, 그에 반해 서방국가들의 희생은 영국이 1% 남짓, 미국이 0.32% 등 상대적으로 크지 않았어.

딸 세상에나, 소련의 희생자 수는 너무 많네요. 전쟁이 무자비하고 야만적이라는 생각이 들어요.

아빠 소련은 워낙 희생자 수가 많아서 한동안 인구조사도 안 하고 통계 발표도 안 했어. 그래서 러시아인들은 지금도 2차대전은 사실상 독일과 소련의 전쟁이었고, 소련이 독일 패망에 중요한 역할을 했다고 주장하지. 1차대전과 달리 독일도 엄청난 보복을 당한 건 분명해. 그 밖에도 독일은 수백만 명에 이르는 무고한 유대인을 학살해서 인류의 공분을 샀어. 그건 좀 더 걸어가서 홀로코스트 메모리얼에서 이야기하기로 하자.

유대인 학살

딸 베를린 시내 한가운데에 이곳이 있어서 놀랐어요. '살해당한 유럽의 유대인들을 위한 기념비'라고 써 있는데, 공동묘지 같은 느낌이 들어요.

아빠 2차대전 당시 나치의 대규모 유대인 학살을 기억하고 반성하자는 의미에서 만든 기념물이야. '홀로코스트 메모리얼'이라고 부르지. 홀로코스트는 개인의 잘못과는 상관없이 특정 부류의 사람들을 대량 학살하는 것을 말해. 특히 대문자로 쓰면 2차대전 당시 나치의 유대인 학살을 뜻하는 고유명사란다. 나치독일이 600만 명 가까운 유대인을 죽였으니까 말이야.

딸 600만 명이라고요? 도대체 유럽에 유대인이 몇 명이나 있었는데 그렇게 많이 죽일 수가 있어요?

아빠 수치가 과장되었다는 지적은 있지만 일반적으로 400만 명에서 600만 명이 학살된 것으로 알려져 있어. 당시 유럽에 900만 명 정도의 유대인이 살았는데 그중 2/3가 죽은 셈이지.

딸 나치의 유대인 학살은 『안네의 일기』를 읽으면서 본 적 있어요. 그런데 나치가 유대인을 그렇게 죽일 특별한 이유가 있었어요?

아빠 히틀러는 1925년에 쓴 자신의 책 『나의 투쟁』에서 유대인이 독일이 겪은 모든 시련의 원흉이라고 했어. 1차대전에서 독일

| 베를린 한가운데에 위치한 홀로코스트 메모리얼 |

이 패배한 것도 유대인의 배신 때문이고, 금융공황이 온 것도 유대인의 음모라고 했어. 마르크스주의나 민주주의 같은 평등사상도 유대인들의 음모일 뿐 독일 민족에게는 필요하지 않다고 했어. 그리고 인류 역사가 계급투쟁이 아니라 인종투쟁이라고 해서 인종적으로 우수한 아리아인이 순수한 혈통을 지키고 그 삶의 영역을 확대해야 한다고 했어. 히틀러가 몇몇 유대인들의 사례를 과장하고 단순화해서 1차대전 패배 후 어려웠던 독일인들의 분노를 자극하고 독일 민족주의와 인종주의 강화에 사용한 거지.

딸 당시 그런 말에 사람들이 동조했다는 것을 이해하기 어려워요.

아빠 사실 유대인들은 기독교가 유럽 전체를 지배하던 중세 이래로 심한 핍박을 받았어. 예수님이 메시아임을 유대인들은 인정하지 않았거든. 실제로 예수님을 죽이도록 한 사람들이 유대인이라고 성경에 나오잖아. 유대인을 차별해서 게토라는 좁은 공간에 모여 살게 하고 농업에도 종사하지 못하게 했기 때문에 비참한 생활을 하는 경우가 많았어. 하지만 기독교인들에게 금지된 대부업, 전당포업을 해서 돈을 벌기도 했어. 그러면 천한 일로 돈을 번다고 멸시하곤 했어.

딸 중세부터 유대인을 차별해왔다는 것은 놀랍네요.

아빠 기독교를 믿지 않는 것 자체가 죄가 되던 시절이기 때문이야. 그런데 근대 이후 차별이 완화됐어. 자본주의사회가 되니 유대인들에게 상대적으로 돈을 벌 기회가 늘었고, 교육에 열성적이어서 의사, 법률가, 교수 등 고학력직에 진출했고, 혁명가로 나서는 경우도 많았어. 미천한 신분이었던 유대인들이 1800년대 후반 이후 오히려 시기와 질투까지 받는 대상이 되었어. 유대인을 천대하는 인습에 수백 년간 쌓여 있었던 데다가 질시까지 더해지니 유럽 대부분의 나라에 반유대인 정서가 퍼져 있었어. 하지만 19세기에 유대인에게 이미 주어진 시민적 평등권을 법적으로 부인할 수는 없었어. 그런데 나치는 유대인 박해를 법과 그에 준하는 히틀러의 명령으로 제도화한 거야.

딸 유대인을 집단 수용소에서 가스실에 가둬 죽였잖아요?

아빠 1941년 가을부터 유대인들의 대량 학살이 시작되었는데, 수용소에 도착한 유대인들은 검진을 받은 후 노동이 가능한 사람들은 군수산업에 동원되고, 그렇지 못한 사람들은 가스실로 보내졌어. 1944년 여름에 수용소로의 이송과 학살은 절정에 달했고, 전쟁 막바지인 1945년 초까지도 계속되었어. 그런데 가스실보다 수용소에서 병에 걸려 죽거나 총살이나 교수형을 당한 사람이 더 많았다고 해. 또 유대인뿐만 아니라 슬라브족, 집시, 동성애자, 장애인, 여호와의증인, 공산주의자 등을 열등한 종족이라고 해서 1,000만 명 이상 학살했다고 알려져 있어.

전쟁범죄를 재판하다

딸 정말 끔찍하네요. 그런 나쁜 짓을 한 사람들은 정말 천벌을 받아야 하지 않아요?

아빠 2차대전 후에 전범들을 단죄한 뉘른베르크재판은 역사적으로 아주 유명해. 연합국에서 판사를 파견해 나치 핵심 인물 22명에 대하여 서구의 기준에 맞게 공개재판을 했어. 그런데 기존에 전범재판을 한 선례가 없었기 때문에 예를 들면, '형벌불소급의 원칙에 반한다', '다른 나라가 재판권을 행사해 독일의 주권을 침해한다', '나치 범죄자만 처벌하는 것은 이중기준이다', '오직 승자를 위한 재판이다'와 같은 비판들이 있었고, 국제법의 원칙이 확립되어 있지 않았기 때문에 법 논리적으로 문제가 되는 점도 꽤 있었어. 그런데 유대인 학살의 실체가 속속들이 밝혀지면서 전 세계인이 분노했고, 재판에 정당성을 부여하는 주요 근거가 되었어.

딸 승자를 위한 재판은 사실 맞는 말 아니에요?

아빠 그렇게 비난하는 사람들이 꽤 있어. 양측 모두 추악한 전쟁을 벌이고는 연합군 측에서 홀로코스트를 지나치게 부각시켜 정의의 사도인 것처럼 행세한다는 거야. 하지만 그런 냉소적인 태도로 역사를 바라보아서는 결코 반성도 정의의 실현도 없어. 독일이 인류의 보편적 가치에 반하는 침략전쟁을 일으키고, 죄 없는 유대인을 대량 학살한 것은 분명하잖아. 그리고 연합군 측에서 구시대적 방식으로 보복하지 않고 재판을 통해 사실을 밝히고 합당한 처벌을 한 것은 역사적으로 큰 진전이지.

딸 재판을 받은 사람들은 어떤 처벌을 받았어요?

아빠 최초에 재판을 받은 22명 중에서 12명이 사형선고를 받고, 3명이 종신형, 4명이 유기징역형, 3명은 무죄를 선고받았어. 먼저 죽거나 자살한 2명을 빼고 10명은 1946년 10월에 실제로 교수형에 처해졌어. 그다음에 연합국별로 점령지역에서 후속재

| 2차대전 전범들을 단죄한 뉘른베르크재판 |

판이 이어졌는데 1946년부터 1948년 사이에 미군에 의해 이루어진 뉘른베르크 후속재판이 유명해. 주로 유대인 학살을 처벌하기 위한 것이었고, 185명이 직업별로 나치 친위대, 고위 공무원, 의사, 법률가 등으로 12개 법정으로 나뉘어 재판을 받았어. 25명에게 사형이, 20명에게 종신형이, 100여 명에게 유기징역형이 선고되었어.

법과 명령에 따랐을 뿐입니다

딸 그것도 궁금해요. 나치 시절에 일했던 판사들도 처벌을 받았다는 거잖아요?

아빠 아빠는 나치 시절 법관에 대한 재판 과정을 다룬 〈뉘른베르크의 재판〉이라는 영화를 인상 깊게 보았는데 이 영화는 법무장관이었던 프란츠 슐레겔베르거를 실제 모델로 했어. 그는 전쟁범죄와 인도에 반하는 범죄의 실행에 가담했다는 이유로 종신형을 받았거든. 재판부는 그가 히틀러의 정당하지 않은 법과 명령에 따라 학살과 테러를 하는데 법무부를 활용했다며, 사법부의 타락은 직접적인 잔혹행위보다 더욱 해악을 끼친다고 했어. 또 자신의 영달을 위해 히틀러에게 지성과 능력을 팔아넘긴 것이라고 했어.

딸 인상적이네요. 그러니깐 당시의 법이나 명령에 따라 일했더라도 처벌을 받아야 한다는 말이잖아요.

아빠 많은 교훈을 주는 재판이지. 우리나라에서도 같은 이유로 과거 권위주의 시대에 일했던 판사나 검사들이 지금까지도 비판받고 있잖니. 이와 관련해 자신은 당시의 법이나 명령에 따라 일했을 뿐이라고 정당성을 주장한 유명한 사례로 아돌프 아이히만이 있어.

딸 아아, 전에 동아리에서 『예루살렘의 아이히만』에 관한 자료를 읽고 토론한 적이 있어요.

아빠 유대인 철학자 한나 아렌트가 아이히만의 재판을 방청하고 쓴 책의 제목이야. 아이히만은 나치 친위대의 중령으로 유럽 각지의 유대인들을 모아 폴란드 수용소로 이송하는 최고 책임자였어. 스스로 500만 명의 유대인을 열차에 태웠다고 자랑했고, 지구상에서 유대인을 지우고 싶은 이상주의자라고 말했어. 전쟁이 끝나고 포로수용소에 있다가 1946년에 탈출해 1950년에 아르헨티나로 도망가 다른 이름으로 살았어. 그런데 전쟁이 끝난 후 유대인들이 이스라엘이라는 나라를 세웠잖니. 1960년에 그를 잡아와 이스라엘 법정에 세웠어. 그는 재판과정에서 대량학살에 관해서는 관여한 바 없고, 단지 국가의 법과 상관의 명령에 따라 성실히 일했을 뿐이라고 변명했지만 이스라엘 법정은 그를 유죄로 판단했고, 1962년에 사형을 집행했어. 보편타당한 가치에 어긋나는 상부의 지시에 맹종한 사람이 책임을 면할 수 없다는 예로 자주 인용되는 사례야.

딸 아아, 정말 어려운 일이에요. 잘못된 명령을 판단할 수 있어야 하고, 아니라고 말할 용기도 있어야 하고…….

아빠 아렌트는 악은 평범한 모습을 하고 우리가 쉽게 접할 수 있는 근원에서 나온다고 해서, 그 책의 부제를 '악의 평범성에 관한 보고서'로 붙였어. 아이히만은 자기가 어떤 악을 행하고 있는지 깨닫지 못했어. 그것은 타인의 입장에서 생각하는데 무능력함으로부터 비롯되었고, 아이히만처럼 옳고 그름을 판단하는 능력이 부족하면 평범한 사람도 엄청난 악을 저지를 수 있다는 점을 지적했어.

딸 귀가 쫑긋해지는 말이네요. 세계대전의 흔적을 살펴보니 전쟁의 참상을 알겠어요. 좋지 않은 지도자를 만났을 때 국민은 물론 이웃 나라가 겪어야 하는 고통도 엄청나다는 사실도요.

아빠 독일이 촉발한 2번의 세계대전은 단순히 독일의 패망으로 끝나지 않았어. 이후로도 인류는 20세기 내내 자본주의와 공산주의로 나뉘어 일촉즉발의 냉전시대를 겪었어. 냉전의 흔적을 찾아가보자.

베를린장벽이 세워지다

딸 아빠, 체크포인트 찰리는 이름이나 모양이 첩보 영화에 등장할 법해요. 독일에서 왜 영어로 이름을 지었어요?

아빠 동독과 서독이 분단되어 있을 때 외국인이 유일하게 통과할 수 있었던 미군의 검문소가 있던 자리고, 이 주변으로 베를린장벽이 지나갔어. 베를린장벽은 원래 서베를린 전체를 둘러싼 155km의 담벼락이었고 동서 베를린의 경계부도 43km 정도 됐어.

딸 독일은 어쩌다 동독과 서독으로 나뉘었어요?

아빠　2차대전 막바지인 1945년 2월과 독일이 항복한 후인 7월에 미국와 영국, 소련은 얄타회담과 포츠담회담을 통해 독일 전체와 베를린 시내를 미국, 영국, 프랑스, 소련 점령지역으로 나누었어. 그런데 전쟁이 끝난 직후부터 자본주의 미국과 공산주의 소련의 대립이 본격화되기 시작했고, 독일을 두고는 결코 양보할 수 없었어. 결국 1949년에 미국, 영국, 프랑스 점령지역에는 독일연방공화국인 서독이, 소련 점령지역에는 독일민주공화국인 동독이 세워진 거야.

딸　베를린장벽은 그 경계선으로 만들었어요?

아빠　베를린은 원래 소련 점령지역에 속했지만 수도라는 중요성에 연합군이 따로 분할했기 때문에 서베를린은 동독 한가운데에 있는 '육지의 섬'으로 남았어. 처음에는 자유로운 왕래가 가능했어. 그런데 독일인들은 전반적으로 소련보다는 서방세계 쪽으로 가길 원했어. 1946년부터 1961년까지 자유왕래가 가능하던 시절에 250만 명 이상이 동독을 떠났다고 해. 그걸 막기 위해 소련과 동독은 1961년 8월에 동서 베를린이 통하는 도로와 통로에 철조망을 설치하고 통행을 차단했어. 그 후 서베를린 전체를 둘러싼 장벽을 만들고 '반파시스트 보호벽'이라고 이름 붙였어. 처음에는 2m 정도의 벽돌로 쌓았다가 나중에 3.6m의 철근 콘크리트로 바꾸고 탈출하는 사람을 막으려고 위에 철조망까지

| 동서독 분단시절 미군의 검문소였던 체크포인트 찰리 |

쳤어.

딸　왜 독일인들이 서독으로 가려고 했어요?

아빠　사실 독일군이 소련 침략 당시 슬라브족을 미개한 민족으로 취급해 가혹한 살육을 했어. 복수심에 불타는 소련군 역시 베를린을 함락시킬 때 잔혹한 짓을 많이 했기 때문에 독일인들은 소련과 공산주의에 대한 두려움이 있었어. 그리고 전쟁이 끝난 직후부터 소련은 연합군의 동의까지 받아 독일에서 많은 물자와 노동력을 징발했어. 2차대전 당시 소련의 피해가 압도적이었기 때문에 독일이 입힌 엄청난 손실에 비하면 일부에 불과했지만 독일인들의 감정이 좋았을 리가 없지. 그런데 서독은 미국의 부흥정책과 시장경제 체제를 받아들여 급속도로 발전한 반면, 동독은 회복과 발전이 상대적으로 더딘 편이니까 사람들이 서독 쪽을 선호한 거지.

딸 박물관에 베를린장벽을 넘어 탈출하다가 죽은 이들의 이야기가 있어서 안타까웠어요.

아빠 베를린장벽이 있던 28년 동안 탈출에 성공한 사람들이 5,000명 이상이고, 탈출을 시도하다 죽은 사람들이 200명 정도야. 장벽을 넘다 총에 맞아 죽은 18세 청년 페터 페히터 이야기가 유명해. 그가 죽은 자리에 세워진 기념비에는 '그는 단지 자유를 원했을 뿐이다'라고 적혀 있어. 대표적인 냉전의 희생양이 된 안타까운 죽음이야.

냉전시대와 우리나라

딸 미국과 소련이 냉전을 했다고 하는데 그건 무슨 말이에요?

아빠 직접 전쟁을 하는 것은 아닌데 금방이라도 전쟁이 터질 것처럼 군비경쟁, 군사동맹, 첩보전, 대리전, 심리전을 계속해서 긴장이 잔뜩 고조된 상태를 말해. 사람들 사이에서도 싸우지는 않으면서 서로 말도 안 하고 신경전을 벌일 때 냉전 중이라고 하잖아. 2차대전이 끝나고 소련이 점령한 동유럽 국가를 중심으로 유럽에 공산주의 세력이 확대되고 있었어. 그런데 공산주의는 서구 자본주의국가를 무너뜨리는 것을 목표로 하는 데다가 소련이 공산혁명 이후에 벌인 대규모 숙청과 살육, 그리고 전쟁 당시 잔혹한 전술과 학살이 나치 못지않았기 때문에 서구사회에 대단한 공포감을 주었어. 1947년에 미국의 트루먼 대통령이 자유를 지키는 나라에 군사적·경제적 원조를 제공한다는 '트루먼 독트린'을 발표하고, 서유럽에 '마셜플랜'이라는 대규모 경제원조를 시작했어. 그 무렵부터 냉전은 시작되었고 1991년 소련이 해체될 때까지 계속되었어.

딸 미국과 소련이 독일을 함께 물리친 후에는 서로 대립하기 시작했는데, 예전처럼 전쟁을 벌이지는 않고 냉전 상태를 유지했다는 것이죠?

아빠 그렇지. 사실 소련이 점령한 지역은 훨씬 넓었지만 미국이 원자폭탄을 만들었고, 경제력에 있어서는 전쟁으로 심하게 약화된 소련을 압도했어. 미국이 트루먼독트린, 마셜플랜, 북대서양조약기구(NATO)로 서유럽을 결속시켰고, 소련도 군사력을 접경지역에 되도록 가깝게 배치하고 봉쇄정책을 취하면서 이미 점령한 동유럽 국가들에 자신들의 체제를 심기 시작했어. 소련이 이렇게 봉쇄정책을 취하자 처칠은 '철의 장막'이 드리워졌다고 비난하기도 했어. 그러던 중 1949년에 소련에서도 원자폭탄이 개발되었지. 핵전쟁의 공포도 있었지만 전쟁을 방지하는 효과도 있었어. 직접 싸우지는 못하고 군비경쟁을 하면서 다른 나라에서 공산화되거나 자본주의화되는 것을 간섭하거나 대리전을 벌이는 식으로 세력대결을 해온 거야.

딸 우리가 지금까지 분단되어 있는 것도 미국과 소련이 나눈 거잖아요?

아빠 독일과 비슷한 구조였어. 다만 독일은 패전국이었고, 우리는 패전국으로부터 해방된 나라였다는 점이 다르지. 그런데 그 경위가 우리로선 좀 당혹스러워. 일본은 거의 미국의 힘으로 물리쳤는데 소련은 1945년 8월 6일 히로시마에 원자폭탄까지 떨어진 후인 8월 8일에 비로소 선전포고했어. 곧바로 소련이 만주의 일본군을 공격했고, 미국은 8월 9일에 나가사키에 다시 원자폭탄을 터트리자 15일에 일본이 항복했어. 소련이 참전한 지 1주일 만에 전쟁이 끝났는데, 소련은 러일전쟁 패전 이전의 영토를 회복하고 어수선한 틈에 북한까지 점령했어.

딸 그럼 소련은 뒤늦게 참전해 별다르게 한 것도 없이 북한까지 점령했다고요?

아빠 사실 1945년 2월 얄타회담 때까지만 해도 미국의 루스벨트 대통령이 소련의 대일전 참전을 요청했어. 하지만 소련이 뛰어든 8월에는 일본의 패전이 기정사실화되고 항복조건만 문제

| 2차대전 종전을 앞둔 1945년 2월 얄타회담에서 만난 처칠과 루스벨트와 스탈린 |

였거든. 일본이 끝까지 버티면 본토를 공격하려 했는데, 그러자니 미군의 희생이 커서 소련과 나눠 공격해야 했어. 그렇게 되면 한반도를 뺏기는 건 물론이고 일본도 분할 점령할 가능성이 높았지. 마침 그때 원자폭탄이 개발되었어. 새로 대통령이 된 트루먼은 소련이 더 내려오기 전에 일본을 빨리 항복시키기 위해 민간인의 대규모 희생을 무릅쓰고 원자폭탄을 투하한 거야. 소련에게 무력을 과시해 전후 주도권을 잡으려는 이유도 있었어. 이건 미국의 학자들도 인정하는 견해야.

딸 일본이 괘씸해서 원자폭탄으로 벌을 받는 걸로만 생각했는데, 숨은 사정이 있었는지 몰랐네요. 어쨌든 저는 소련이 뒤늦게 와서 북한을 점령하고 우리나라가 분단됐으니깐 소련이 미워요. 자칫 일본이 늦게 항복했으면 소련이 우리나라를 통째로 점령할 수도 있었겠네요?

아빠 그럴 가능성이 높았지. 그런데 소련의 뒤늦은 대일전 참전을 욕하기 어려운 게 반대로 유럽에서 독일과의 전쟁은 소련이 주로 했기 때문이야.

딸 그래도 2차대전에서 미국이나 영국보다 소련이 더 큰 역할을 했다는 말은 믿기 어려워요.

아빠 역할이야 평가하기 나름이겠지만 하여간 2차대전에서 소련의 역할과 희생이 냉전시대에 과소평가된 건 사실이야. 독일이 소련을 침공한 1941년 6월부터 노르망디상륙작전이 벌어진 1944년 6월까지 3년간 주로 소련이 독일과 싸운 건 맞아. 전에 말했듯이 유럽 사망자 4,500만 명 중에서 2,600만 명이 소련인이기도 했으니까 압도적으로 큰 희생을 치른 것도 맞고.

20세기 전 세계에 영향을 미치다

딸 아아, 소련이 그렇게 많은 희생을 치렀기 때문에 독일을 가혹하게 대했다는 말이 이제야 이해돼요.

아빠 그렇지. 반대로 미국은 공산주의의 확산을 저지해야 한다는 확고한 신념이 있었기 때문에 독일을 가혹하게 처벌하거나 수탈하지 않고 오히려 독일 경제를 부흥시켰어. 소련 입장에서는 피해배상도 제대로 못 받아서 억울하지만 독일인들이야 어느 쪽을 선호할지는 분명하잖아.

딸 앞에서 미국이 나치 전범들을 엄하게 처벌했다고 그러지 않았어요?

아빠 아까 본 것처럼 대표적인 전범들은 처벌받았지만, 그들 외에는 대부분 가벼운 처벌을 받았어. 영화 〈뉘른베르크의 재판〉의 마지막 장면에는 이런 자막이 나와. '1949년 7월 14일까지 미국이 재판권을 행사한 전범은 모두 99인, 그중 5년 이상 복역하고 있는 사람은 아무도 없다.' 나중에 서독이 직접 한 재판이나 정책에서도 마찬가지였어. 서독에서는 2차대전을 제대로 청산하지 않고 기존 인력을 대체로 유지했어. 사실 나치에 부역했던 독일인들의 감정을 자극하지 않은 거지. 공산주의에 대항해야 한다는 절박성이 그걸 합리화한 거야.

딸 우리나라에서 일제 청산이 제대로 이루어지지 않은 것과 같은 이치네요? 근데 제가 알기로는 유럽은 우리나라와 달리 나치 청산을 철저하게 했다고 들은 것 같은데, 아닌가 봐요?

아빠 나치 청산을 가혹하리만큼 철저하게 한 나라는 프랑스야. 프랑스는 나치의 지배를 받았기 때문에 나치에 부역한 사람들을 엄히 처벌하는 게 오히려 국민감정에 부합했고, 실제로 그렇게 집행했어.

딸 우리나라도 일본의 지배를 받고 피해가 심했는데 오히려 친일파 청산을 엄히 해야 국민감정에 들어맞지 않나요. 그런데 왜 우리는 프랑스처럼 그렇게 하지 못하고 친일파들을 대부분 용서했어요?

아빠 그 점이 달라. 프랑스는 독립운동을 하던 드골이 대통령이 되어서 미국과 대립각을 세울 정도로 단호했어. 하지만 우리는 분단국가가 됐고, 미국은 공산주의를 저지해야 한다는 일념에서 남한에 서독과 비슷한 정책을 쓴 거야. 기존에 일제에 부역했던 사람들을 대부분 그대로 일하게 해서 국가 운영의 효율성을 추구했지. 일본에서도 마찬가지였어. 덕분에 미국이 일본을 7년간이나 점령했는데도 불구하고 미국은 일본인들에게 증오심을 심어주기보다 오히려 환심을 살 만한 정책을 계속 추진했어. 전범도 대표적인 사람만 처벌(사형 7명, 종신형 19명, 유기징역형 2명)하고 천황제도 그대로 유지시켰어. 그 때문인지 일본인들은 원자폭탄 사건에도 불구하고 미국인들에 대한 감정이 대체로 호의적이야.

딸 공산주의 때문에 정의가 제대로 실현되지 못한 거네요? 냉전은 독일뿐만 아니라 우리나라와 일본의 역사에 결정적인 영향을 미쳤군요.

아빠 20세기 중후반의 세계는 2차대전의 영향 아래서 시작됐고 그 굴레를 벗어나지 못했어. 우리가 일제로부터 해방되고 38선으로 나뉜 것은 2차대전의 종결이자 미·소간 냉전의 전초전이라고 할 수 있어. 6·25전쟁도 미소간의 국지적 대리전이라고도 해. 하지만 냉전의 최전방이었던 독일은 어느덧 힘을 키워 분단 50년이 되지 않아 스스로 통일을 이루었어. 포츠담 광장으로 이동해 독일의 통일을 자세히 이야기해보자.

포츠담 광장과 연방의회 의사당에서

분단을 극복하고 다시 통일을 했다고요?

포츠담 광장과 연방의회 의사당에서

포츠담 광장은 독일의 전쟁과 통일 전후를 극명하게 대비해주는 장소다. 이곳은 2차대전 이전 베를린과 포츠담을 잇는 교통의 요충지였지만 전쟁 시 폭격으로 폐허가 되었다. 독일이 분단되면서 방치된 채 베를린장벽이 광장 한가운데를 지나갔다.

1989년 11월 9일 동독의 여행자유화 조치가 발표된 날, 독일인들은 분단 40년 만에 28년간 서 있던 베를린장벽을 단 하루 만에 무너뜨렸다. 이듬해에 동독 지역은 서독의 연방공화국으로 흡수통일이 되었다. 통일 후 다시 번화가가 된 포츠담 광장에는 초현대식 건물들이 들어섰다. 그러나 독일인들은 광장 한가운데에 여전히 베를린장벽의 흔적을 남겨 과거를 기억하고자 한다.

유럽 여행의 마지막 장소로 베를린 여행 중 몇 차례 지나쳤던 연방의회 의사당을 택했다. 1871년 독일이 통일된 후 1894년에 완공되어 제국의회 의사당으로 불린 이곳은 독일의 부침과 함께 영욕의 세월을 함께 했다. 웅장한 석조건물의 정면에는 '독일 민족에게(DEM DEUTSCHEN VOLKE)'라는 문구가 새겨져 있다.

1933년 발생한 화재로 본회의장과 돔까지 불탔고, 나치는 이를 공산당원의 소행이라 하여 독재체제를 강화했다. 전쟁 중에는 공습과 폭격으로 더욱 심하게 파괴되었고, 소련군이 의사당 꼭대기에 적기를 꽂는 장면이 독일의 패망을 상징하는 사진이 되기도 했다. 동서독 분단 시기에 의사당은 사용되지 못하고 바로 옆으로 베를린장벽만이 지나갔다. 그러나 1990년 재통일이 이루어진 후 연방의회 의사당으로 다시 태어났다. 1999년에 회의장 상부에 유리 돔을 설치해 현대적인 감각을 가미하면서 이제는 번영하는 통일 독일의 새로운 상징이 되었다. 강건하고 투명한 민주주의를 상징하는 철제 골격의 유리 돔 내에 전시된 역사 브리핑이 아니면 독일의 침략과 인권유린, 패전의 아픔은 상기하기 어렵다. 그들의 번영과 발달된 민주주의가 눈에 들어올 뿐이다.

독일인들은 분단 후 반세기가 지나기 전에 스스로의 힘으로 통일을 이루었다. 이내 유럽의 지도국으로 자리매김하고 미·중 양강을 견제하는 지위로 올라섰다. 그 과정은 아이들에게마저도 학습효과를 넘어 감동을 주기에 충분하다.

독일 연방의회 의사당

9장

분단을 극복하고 다시 통일을 했다고요?

베를린장벽이 무너지다

딸 아빠, 포츠담 광장에는 멋진 건물도 많고, 이곳을 지나가는 사람들의 활기가 넘쳐요. 해마다 2월 무렵에 베를린 영화제가 열리는 유명한 곳이래요.

아빠 베를린 여행은 묵직한 분위기였는데 여기 오니 마음이 좀 가벼워지는구나. 저기 보면 기와지붕에 단청을 입힌 정자가 있잖아. 한국문화원에서 세운 통일정이야. 우리나라의 분단과 통일염원을 알리기 위해 세웠다고 하는구나.

딸 이국에서 우리나라의 흔적을 보니 가슴이 뭉클해져요. 그런데 아니나 다를까 이 광장에도 여전히 베를린장벽을 세워놓고 있네요.

| 포츠담 광장에 남아 있는 베를린 장벽의 흔적 |

아빠 하하, 원래 2차대전 이전에 번화가였던 이 광장이 동서로 갈라져 폐허처럼 남겨지고 그 한가운데를 베를린장벽이 지나갔기 때문에 장벽이 무너진 후에도 그 흔적을 남겨놓은 거야.

딸 베를린장벽은 언제 무너졌어요?

아빠 1980년대 후반부터 소련과 동유럽 공산권 국가에 개혁과 개방의 바람이 불었어. 민주화를 요구하는 목소리가 높았고 실제로 여러 나라에서 체제가 흔들리기 시작했어. 그러던 중 1989년 베를린장벽의 붕괴는 예상하지 못했던 극적인 광경이었어. 아빠는 그때 대학생이었는데 지금도 그 충격과 흥분이 생생하구나.

딸 베를린장벽이 무너지고 독일이 다시 통일되었죠?

아빠 사실 동독은 동유럽 공산권에서는 모범 국가로 통했어. 소련에 거액의 전쟁 배상금을 지급하고도 상당한 경제성장을 이루었고, 서독과 달리 나치 잔재도 철저히 청산했어. 하지만 점차 공산당 일당독재를 강화하고 자본주의로부터 체제를 지킨다는 명목으로 국민의 자유를 빼앗았어. 비밀경찰을 통해 국민을 감시하고 통제하는 게 일상화되었어. 1989년 무렵에 동독의 1인당 국민소득은 서독의 35% 수준으로 다른 공산권 국가에 비하면 경제사정이 나았다지만 여전히 서독과의 격차는 컸어. 그런데 공산권에 밀어닥친 민주화의 바람은 동독에서도 예외가 아니었어. 동독인들은 서독으로 넘어가기 위해 여행의 자유를 요구했고, 이미 국경을 개방한 헝가리 등을 통해 망명 행렬이 이어졌어. 1989년 10월에 이르러 동독 곳곳에서 언론의 자유와 국경 개방을 요구하는 수백만 명의 시위가 이어졌고, 견디다 못한 동독 정부는 11월 9일에 여행자유화를 발표했어. 그런데 그날부터 동독인들이 바로 베를린장벽으로 몰려와 벽을 부쉈고, 국경수비대나 경찰도 이를 말리지 않았어.

딸 수십 년 된 장벽이 그렇게 순식간에 무너졌다고요?

아빠 그렇지, 분단과 냉전의 상징이었던 베를린장벽이 말 그대로 하룻밤 만에 무너졌어. 전문가나 정보기관 누구도 예상하지 못했지. 동독에서 1990년 3월에 자유선거가 실시되었는데 점진적인 통일을 주장하는 사회민주당을 누르고 흡수통일을 주장하는 기독민주연합이 이겼고, 10월에 동독이라는 나라 자체를 해체하고, 기존 서독의 독일연방공화국에 가입하는 형태로 재통일을 이루었어.

공산주의의 이상과 현실

딸 무시무시했던 공산주의국가가 순식간에 무너졌네요.

아빠 어쩌다 공산주의는 그렇게 무서운 것이 되었을까?

딸 그건 읽은 적이 있어요. 공산주의자들이 민주적인 방식으로 권력을 잡지 않고 항상 폭력으로 혁명을 하려고 해요. 혁명에 성공하고 나면 독재국가를 만들어요. 그러고는 반동분자라고 해서 사람을 많이 죽이고, 평등을 내세워 국민들에게 자유를 허락하지 않아요. 권력을 차지한 공산당원들이 지배계급으로 행세하니 막상 평등해지지도 않아요. 그리고 무력을 앞세우니 늘 군인들이 높은 자리를 차지하고 남의 나라를 침략하려고 하는 경우가 많아요.

아빠 그렇게 나쁜 제도고 체제인데, 어떻게 해서 20세기에 세계의 절반 가까운 인구가 공산주의를 선택했을까?

딸 공산주의자들은 가난한 자들에게 부자가 당신들의 것을

| 베를린장벽이 붕괴되던 당시의 모습 |

빼앗가서 힘들고 어렵게 살고 있다고 선동하는 식으로 폭력혁명을 부추겨요. 그런데 막상 혁명에 성공하면 권력은 자기들이 다 차지하고 국민들을 지배하고 억압해요.

아빠 나름 공부를 많이 했구나. 지금 너희가 말한 내용이 20세기에 잘못된 방향으로 간 사회주의국가들의 문제점을 대부분 지적한 거란다. 원래 억압과 착취가 없는 이상적인 사회로서 공산주의를 선언했던 이들이 보면 참 원통할 일이지.

딸 아빠는 마르크스가 억울하다고 생각하는 거예요? 엊그제 그 사람들 동상을 보고 "이 아저씨들 참 애처로워 보이지 않냐?"라고 했잖아요. 그리고 어느 대학의 계단에 쓰인 글이 마르크스가 한 유명한 말이라고 직접 그곳에 데려가서 큰 소리로 읽어주셨잖아요?

아빠 하하, 아빠는 사실 많이 놀랐고, 독일은 정말 대단하다고 생각했어. 동독의 공산주의가 무너진 지 30년 가까이 되었는데 베를린의 중심 대로변에 마르크스·엥겔스 광장과 그들의 동상을 그대로 뒀어. 자기 체제에 대한 확고한 자신감이 있기 때문에 가능한 일이지. 그리고 훔볼트대학의 예전 이름이 베를린대학이었는데, 마르크스가 나온 학교야. 중앙현관 계단에 그가 한 아주 유명한 말 "지금까지의 철학자들은 여러 가지 방법으로 세계를 해석하기만 했다. 그러나 중요한 건 세상을 변혁하는 것이다"를 새겨두고 있어. 학교를 대표하는 인물로 마르크스를 내세운 거야. 정말 가슴 뛰는 말 아니니?

딸 혁명가들이 딱 좋아할 만한 말인 것 같아요. 그러니까 아빠는 마르크스는 그렇게 안 가르쳤는데 나중에 혁명을 하는 사람들이 잘못 적용했다 뭐 그런 말을 하고 싶은 것 아니에요?

아빠 일부는 맞고 일부는 틀려. 폭력 혁명론은 마르크스와 엥겔스가 1848년에 같이 쓴 『공산당 선언』에서 이미 주장한 말이야. 마르크스는 지금까지 모든 사회의 역사는 계급투쟁의 역사이고, 자본주의사회는 프롤레타리아가 현존하는 모든 질서를 폭력적으로 타도함으로써만 달성할 수 있다고 했어. 평화로운 방식

| 마르크스·엥겔스 광장에 있는 그들의 동상 |

으로 평등사회를 만들 수 있다고 믿은 공상적 사회주의자들이 계급투쟁을 무마시키고 대립을 화해시키려고 한다고 비판했어. 그것과 대비시켜 자신의 사상을 '공산주의'로, 나중에 엥겔스는 '과학적 사회주의'로 표현했어. 그리고 자본주의사회와 공산주의사회 사이의 혁명적 변혁에는 프롤레타리아의 혁명적 독재 이외의 다른 건 없다고 했어. 이것이 이른바 '프롤레타리아 독재론'으로 발전했고, 공산주의국가에서 일당독재를 합리화하는 단초가 되었어.

딸 하여간 이미 마르크스 시절부터 폭력혁명과 프롤레타리아 독재를 주장해왔다는 것은 맞잖아요?

아빠 그런데 잘 살펴보자. 혁명은 본질적으로 급진적인 변혁을 통해 기존 체제를 뒤집는 것이니깐 다수의 물리적 힘, 즉 폭력을 수반한다는 건 새로운 주장이 아니야. 그런데 마르크스는 공산주의사회에서는 계급 착취의 도구에 불과한 국가가 소멸할 것이고 단지 과도기에 불과한 혁명 국가에서 다수에 의한 지배로서 프롤레타리아독재가 이뤄져야 한다고 했어. 하지만 공산주의로 가기 위한 과도기인 사회주의에서 오히려 국가의 기능은 더 커졌어. 토지나 공장 등의 생산수단이 이제 국가의 소유가 되었기 때문이야. 모두의 소유는 누구의 소유도 아닌 단지 국가를 운영하는 자들의 지배영역이 되었지. 혁명 후 국가가 더는 계급 착취의 도구가 아니라면 사라지거나 적어도 그 안에서 프롤레타리아독재가 유지되지 않아야 하잖아. 그런데 오히려 국가 안에서 공산당 일당독재를 합리화하는 논리가 되었어.

딸 마르크스가 생각했던 것과는 많이 달라졌네요?

아빠 그렇지. 현존하는 사회주의국가들은 마르크스주의자들이 꿈꾸던 나라와는 다들 거리가 멀다고 해. 오히려 자본주의의 틀 안에서 사회주의적 요소를 많이 받아들여 높은 경제수준을 유지하는 북유럽의 여러 나라들이 그들의 이론에 더 가깝다고 말하는 사람들이 많아. 러시아의 경우 혁명의 주역 레닌까지는 마르크스주의가 현실과 맞지 않는 부분을 창조적으로 변용해 러시아인들을 전근대적인 사회로부터 해방시켰어. 그런데 스탈린이 권력을 장악하고 난 다음에 과거의 부르주아 잔당이거나 반혁명분자라는 이유로 수백만 명을 숙청하고 죽이면서 권력을 집중시켰어. 일사불란한 체계로 처음 20여 년 동안 대단한 생산력의 증대를 이루기는 했어. 유럽에서 가장 후진적인 농업국이었던 러시아가 독일을 이기고 미국에 맞설 만한 나라가 되었으니깐. 하지만 그 반대급부는 수백만 명의 죽음이었고, 전근대사회를 탈피해 근대사회로 넘어오는 것까지가 한계였던 거야. 나라 안에서 적이 사라졌을 법도 한데 혁명은 여전히 계속되는 중이라고 했고, 이제는 자본주의국가들이 새로운 적이 되었어.

스스로 무너지다

딸　그렇게 해서 자본주의국가와 대립했는데 결국 공산주의국가가 무너졌다는 거죠?

아빠　사실 소련에게 미국은 버거운 상대였어. 소련이 비록 러시아혁명 후에 비약적으로 발전했다지만 농업 위주 경제에서 시작했고, 2차대전으로 인한 타격도 아주 컸어. 최강대국으로 떠오른 미국과 대립하는 프레임 자체가 잘못 설정된 거지. 소련이 1957년 인공위성, 1961년 유인우주선을 최초로 발사하는 등

세계를 놀라게도 했지만, 엄청난 돈이 들어가는 군비경쟁이나 우주개발 경쟁처럼 도무지 따라잡을 수 없는 대결도 했어. 차라리 미국과의 경쟁이나 사회주의권 국가들에 대한 개입을 자제하고 자신들의 국가 건설에 매진했다면 좀 더 나았을 거라고 말하는 사람들도 있어. 반면에 미국은 소련과의 대결 구도가 공산주의를 두려워하는 나라들을 미국식으로 재편하면서 영향력도 커지고 경제발전에도 오히려 도움이 됐어.

딸 소련은 미국과의 경쟁이 힘들었던 반면 미국은 오히려 도움이 되었다고요?

아빠 응. 자본주의 자유시장경제는 상호간의 교역이 활발해지고 시장이 넓어질수록 시너지효과가 생겼어. 반면 사회주의 계획경제는 폐쇄적 자급자족의 측면이 강해서 교역으로 인한 이익이 크지 않았어. 미국은 자본주의 진영의 결속이 강화되고 교류가 활성화되면서 원조하거나 투자한 것보다 훨씬 더 큰 이익을 얻었어. 미국은 세계 곳곳의 자유주의 진영에 군대를 파견하는 비용을 부담하고 무역수지에서 다소 적자를 감수하긴 했지만, 무기를 수출하거나 금융제도를 이용해서 그에 못지않은 수익을 올렸어. 이게 미국의 신제국주의 정책이라고 비판받기도 하지만, 결과적으로 우리나라나 서독이 미국의 영향권 아래에서 반대편 국가보다 압도적인 경제발전을 이루었어. 민주주의의 발전이란 측면에서도 상대적으로 뒤지지 않았으니까 미국의 정책이 이기적인 욕심에서만 비롯되었다고 비난하긴 어렵지.

딸 공산주의국가들은 결국 실패했잖아요?

아빠 공산주의를 추구하는 국가들이 모두 실패했다고 말할 순 없어. 중국을 비롯해 아직도 건재한 사회주의국가들이 꽤 있잖아. 어떤 식으로든 시장경제 체제를 받아들인 나라들이 대부분이긴 하지만……. 어쨌든 적어도 소련과 동유럽의 공산주의국가들은 스스로 자신들의 체제를 포기했으니까 실패한 게 분명해.

딸 자신들의 체제를 포기했다니, 무슨 말이에요?

아빠 1960년대까지 미국과 양강구도를 유지했던 소련의 경제가 1970년대부터 급격히 쇠퇴하기 시작해 1980년대에는 열악해졌어. 마침내 1985년 공산당 서기장 미하일 고르바초프는 정치·경제적 개혁을 의미하는 '페레스트로이카'와 언론·출판의 자유와 정보의 개방을 의미하는 '글라스노스트'를 선언했어. 공산주의 종주국 소련의 갑작스러운 개혁과 개방은 절박한 필요성도 작용했지만 고르바초프 개인의 신념과 인품에서 비롯된 면도 크다는 게 역사가들의 분석이야. 1989년 아프카니스탄 침공에서 철수하고 '브레즈네프독트린'을 폐기해 공산주의권 다른 국가들의 변화에 간섭하지 않겠다고 선포했어. 시장경제 체제도 도입하고, '몰타 회담'으로 미국과 냉전의 공식적인 종결도 선언했어.

1990년에는 공산당 일당독재를 폐기하고 대통령제를 도입하기도 했어. 그사이에 소련의 위성국가들에서 숨 가쁜 변화가 일어났어. 헝가리, 폴란드, 체코슬로바키아 등에서 복수정당제, 자유선거, 시장경제 체제 도입 등이 이루어지고 동독에서 베를린장벽이 무너졌고, 불가리아, 루마니아 등에서 혁명이 일어나면서 공산정권이 차례로 붕괴되었어.

딸 소련과 동유럽 국가들이 무너지면서 대단한 혼란을 겪었겠는데요? 전쟁이나 혁명이 일어나고 희생도 크지 않았어요?

아빠 고르바초프는 소련을 유지하면서 공산당을 서유럽의 사회민주당식으로 개혁하려는 의도였다고 하는데 국민의 요구는 점점 더 높아졌어. 마침내 연방을 이루던 국가들이 대거 탈퇴했고, 1991년 7월에 소련도 마르크스·레닌주의를 공식적으로 포기했어. 12월에는 고르바초프가 대통령에서 물러나게 되면서 소련 해체로 이어졌어. 러시아혁명 후 1922년에 15개의 소비에트 연방으로 성립되었던 소련은 공식적으로 사라지고, 러시아가 그 지위를 이어받았어. 이 과정에서 별다른 유혈 사태가 없었다는 점에 주목해야 해. 동구권 국가들이 사회주의를 포기하고 소련이 해체되기까지 거의 무력이 개입되지 않은 건 역사적으로 유래가 없는 일이야. 고르바초프는 1990년에 이미 노벨평화상을 받았고, 그의 행위에 대해 서방 언론은 소련이 인류에 해줄 수 있는 가장 훌륭한 일을 했다고 평가하기도 했어.

결국 실패한 원인이 무엇일까

딸 기존에 보았던 것과는 많이 다르네요. 천만다행이에요. 소련이나 동유럽 국가에서 결국 공산주의가 실패한 원인이 무엇일까요?

아빠 아빠는 반대와 견제세력이 없이 독점적인 정치권력이 주도한 사회주의 경제가 민간분야의 주도로 한없이 혁신을 거듭해 온 자본주의경제와의 경쟁에서 살아남지 못한 것이라고 생각한다. 꼭 경제만이 아니라 정치적인 권리나 개인의 삶의 질에서도 마찬가지였어. 대부분의 사회주의국가는 체제가 바뀐 지 수십 년이 지나도록 혁명 중이라는 과거의 틀에서 벗어나지 못했어. 국가가 주도하는 계획경제에서 생산력의 증대는 보잘 것이 없었고, 정치적으로도 비판과 반대를 허용하지 않고 비타협적인 사상과 이념만을 강조하는 경직된 분위기였어. 그렇게 경제나 정치 모두 활력이 없이 대다수의 국민이 수십 년간 수동적이었으니 시간이 갈수록 뒤처지는 건 당연하지.

딸 자유민주주의 사회의 우월성이 증명된 거죠?

아빠 적어도 정치·사회적 영역에서 비판과 경쟁을 허용해 자유를 보장하고, 경제적 영역에서 창의를 존중하고 혁신을 추구하는 사회가 일당독재와 계획경제 체제에 비해 바람직할 뿐만 아니라 경쟁력이 있다는 것은 증명되었다고 생각해. 그렇지만 경제체제만을 놓고 자본주의가 우월하다고 쉽사리 단정할 수는 없어. 오늘날 자본주의나 사회주의를 기반으로 한 경제체제나 모두 초기에서 대폭 수정되었고, 2개의 체제로만 구분할 수도 없거든. 자본주의의 물질문명 아래 인간이 소외되고, 무한 경쟁에 내몰려 고달픈 삶을 살아가는 이들도 여전히 많아. 이 점에서 마르크스의 견해는 사회주의국가들의 몰락과 함께 체제 구성의 이데올로기로는 실패했지만 자본주의의 모순과 계층 간의 갈등구조를 비판하는 이론의 틀로는 여전히 유효하다고 할 수 있어.

딸 그럼 문제점이 많은 자본주의 체제가 공산주의국가들처럼 무너지지 않고 발전하는 이유는 뭐라고 생각하세요?

아빠 개인들이 시장에서 생존하기 위해 절박한 노력을 했고, 사회 곳곳에서 이러한 노력이 혁신으로 쌓여 눈부신 생산력의 증대가 이루어졌어. 혁신을 통한 생산력의 증대는 마르크스도 『공산당 선언』에서 혁명적 변화라고 높이 평가했어. 그리고 주식회사나 증권시장처럼 자본과 이윤을 사회적으로 공유하는 시스템이 갖춰지면서 그의 예언과 달리 부르주아와 프롤레타리아로 계급이 극단적으로 양분되지 않았어. 이렇게 자본이 공유되면서 체제를 옹호하는 중산층이 충분히 형성되고 소외된 계층에 대한 복지혜택도 주어지면서 초기 자본주의의 문제점이 상당히 해소되었어. 결국 그 체제를 유지할 수 있는 힘은 다수를 이루는 중간계층에서 나오고, 이러한 대중의 지지가 있어야만 국가도 정권도 사상도 유지될 수 있어.

흡수통일 능력을 갖춘 나라, 서독

딸 동독이 다른 공산주의국가보다 형편이 나았다고 했잖아요? 그런데도 동독 사람들이 나라를 아예 없애고 서독에 흡수되기를 바랐다는 거예요?

아빠 소련이 개혁과 개방을 외치고, 동구권 국가들이 차례로 흔들리고 있었지만, 호네커를 비롯한 동독 공산당 지도자들은 완고했고, 국민들의 사상을 철저히 통제하는 것처럼 보였어. 베를린장벽의 붕괴와 마찬가지로 독일의 통일이 이런 방식으로 순식간에 이루어지리라 예상한 이는 거의 없었어. 뒤늦게 요인을 분석해보니 그건 서독이 동독을 흡수통일할 만한 능력을 있었기 때문이라는 거야.

딸 흡수통일할 만한 능력을 갖춘 나라였다는 게 무슨 뜻이죠?

아빠 먼저 서독은 당시 인구가 6,300만 명이었는데, 많은 인구가 아님에도 불구하고 이미 세계 4위의 경제대국이었어. 인구 1,550만 명의 동독 흡수가 그다지 어려운 일이 아니었어. 꼭 경제적으로뿐만 아니라 이념이나 사상적인 측면에서도 넉넉함을 갖춘 나라였어. 각종 사회보험이나 실업급여, 연금제도 같은 사회보장제도가 잘 갖춰졌을 뿐만 아니라 분단국가라는 이유로 반공을 내세워 정치적 민주주의를 제한하는 경우가 거의 없었어. 노동운동도 정치활동이나 파업까지도 가장 선도적으로 보장된 나라였어. 그런 사회적 분위기였으니까 마르크스의 동상을 유지하고 그의 이론을 높이 평가할 만큼의 포용력이 있겠지. 동독의 사회주의가 실패하면서 다른 길을 찾지 않고 당연하다는 듯 통일을 원하고 서독에 흡수되길 감수한 건 서독이 자신들을 받아들여 줄 수 있다는 믿음이 있었기 때문이라고 생각해.

딸 서독에서도 공산주의에 대한 두려움이 있고 반감도 많았을 텐데, 그럴 만한 포용력이 있었다니 쉽사리 이해하기 어려워요.

아빠 서독도 처음에는 미국과 프랑스 같은 서방세계와 연대해 확고한 반공과 경쟁 우위 정책을 폈어. 그 결과 1950~60년대 엄청난 경제성장을 달성해 이른바 '라인강의 기적'을 이루었지만, 동독을 고립시키는 정책을 고수해 분단을 고착화시켰다는 비판을 받기도 했어. 그런데 1960년대 후반부터 외무장관과 총리를 지낸 빌리 브란트가 동구권 국가에 적극적으로 화해의 손길을 내

미는 동방정책을 취했어. 반공과 대결 구도보다는 평화와 협력을 추구하는 쪽으로 방향을 바꾼 거야. 1982년 수상이 된 헬무트 콜이 다소 수정하긴 했지만 동방정책의 기조를 유지했어. 대규모 자금지원을 하면서 개방을 유도하는 한편 동독의 인권과 민주화를 촉구했어. 1989년 베를린장벽이 무너진 후에도 대폭적인 지원과 양보로 동독인들이 즉각적인 통일을 선택할 수 있도록 유도했어. 통일 당시 4:1이었던 동독과 서독의 마르크화를 1:1로 교환해주는 식이었어. 그리고 마이너스성장까지 감수하면서 대규모 통일비용을 지출해서 동독의 생활수준을 현저히 끌어 올렸어. 구동독 지역에 대한 경제 재건과 인프라 투자를 위해 1990년부터 2019년까지 총 3,432억 유로, 한화로 약 450조 원이 지원되고 있다고 하니 대단하지.

진심 어린 사과와 합리적인 정책

딸 어어, 브란덴부르크문 쪽으로 오는 줄 알았는데, 일부러 여기로 데려온 거죠? 빌리 브란트 기념관이네요?

아빠 맞아. 베를린 시장과 외무장관을 거쳐 1969년부터 1974년까지 총리를 한 사람이야. 그의 동방정책은 독일 통일의 가장 중요한 기초가 되었다는 평가를 받아. 기본적으로 '독일에는 2개의 국가가 존재한다'라고 동독의 체제를 인정했는데, 이건 '서독이 모든 독일을 대표한다'라는 기존의 할슈타인원칙을 뒤집은 거야. 비난도 많았지만 그 성과가 눈부셨어. 먼저 2차대전의 주적이었던 소련과 불가침조약을 체결하고 동프로이센 지역 등 기존의 독일영토를 요구하지 않는다고 선언했어. 그리고 동독과도 최초로 정상회담을 한 후 우편과 전화교류, 상호 국경선 불침범, 동서독 동시 유엔 가입까지 해냈어. 폴란드에 대해서도 기존의 독일영토를 요구하지 않고 2차대전 이후의 국경선을 존중하겠다며 "다른 나라의 희생을 대가로 더 이상 영토를 확장하지 않겠다"라고 단호히 말했어. 서독의 이런 입장은 주변국가들에게 독일이 통일된다고 하더라도 유럽의 평화를 해치지 않을 것이라는 믿음을 주었지.

딸　독일이 1차대전 후에 반성하지 않고 히틀러가 자기 영토를 되찾으려고 했던 것과는 완전히 달라졌네요?

아빠　그렇지. 특히 1970년 12월에 그는 전 세계를 감동시켰어. 1943년 폴란드 바르샤바 게토 지역에서 나치에 희생당한 5만여 명의 유대인을 추모하는 기념비를 찾아가 헌화한 후, 빗물이 흥건한 바닥에 무릎을 꿇고 양손을 맞잡고 머리를 숙였어. '브란트의 무릎 꿇기'라고 불리는 이 세기의 장면에 대해 언론에서는 "무릎을 꿇은 것은 브란트 한 사람이지만 일어선 것은 독일 민족

| 동방정책으로 독일 통일의 발판을 마련한 빌리 브란트 총리 |

이었다"라고 평가하기도 했어. 나치 강제수용소 생존자였던 폴란드 수상은 차 안에서 빌리 브란트를 끌어안고 통곡하며 "용서한다. 그러나 잊지는 않겠다"라고 말했어. 폴란드인들은 빌리 브란트 광장을 만들어 무릎을 꿇은 그의 모습을 담은 기념비를 세우기까지 했어.

딸 정말 감동적이네요. 아직까지도 우리에게 진심 어린 사과를 하지 않는 일본과는 너무 대조적이에요.

아빠 일본은 기본적으로 우리를 침략했다고 생각하지 않고 오히려 근대화시켰다고 믿고 있는 듯하구나. 일본의 지도자 중 누구도 진심 어린 사죄를 한 적이 없고, 독도를 비롯해 중국과 러시아와도 옛 영토를 되돌려달라는 분쟁을 하고 있을 뿐이니 참으로 개탄스럽지. 아빠는 독일이 그렇게 한 이유는 역사에 대한 바른 인식과 지도자의 훌륭한 인간성 때문이기도 하지만, 얻을 수 있는 이익이 분명히 있었기 때문이라고 생각해. 독일이 유럽 내에서 생존하고 통일을 이루고 나아가 지도적인 위치를 차지하기 위해서는 주변국가에 다시는 해를 끼치지 않을 것이라는 믿음을 줄 필요가 있었거든. 그런데 유감스럽게 일본은 우리나라나 중국, 그리고 침략당한 동남아시아 국가들에게 그런 믿음을 줘서 얻을 이익이 없다고 생각하는 것 같구나. 우리로서는 일본에게 사과와 반성을 강요할 수는 없고, 식민시대의 피해의식에만 계속 머물러 있을 이유도 없어. 일본이 그런 필요를 느낄 만큼 우리가 힘을 키워야 할 문제라고 생각한단다.

딸 아빠와 같은 견해는 처음 들어요. 사과와 반성도 필요해야 한다는 말이죠?

아빠 가족이나 친구처럼 인간적인 관계에서야 그러진 않겠지만, 실리의 세계는 냉혹해. 설득은 상대방이 받아들일 수밖에 없는 조건을 제시했을 때 가능하고, 사과는 상대가 고개를 조아릴 필요가 있을 때 받을 수 있어. 재판만 해봐도 알아. 화해는 조건이 맞아야 이루어지고, 반성은 선처를 받을 필요가 절실한 때에 하는 것 같구나. 반성 역시 상대방에 대한 미안함보다는 자신의 처지를 망친 것에 대한 후회라는 속마음이 보여 씁쓸할 때가 많지.

딸 서독은 결국 과거를 반성하고 동독을 끌어안은 동방정책을 추진한 끝에 통일을 이룰 수 있었군요?

아빠 빌리 브란트가 영웅적인 행보를 했지만 독일의 통일이 꼭 동방정책 덕분이라고 단순화해서는 안 돼. 서독이 동독에 비해 확고하게 우위를 차지했기 때문에 동독인들이 서독의 삶을 동경한 끝에 자신들의 체제를 포기하기에 이르렀다는 점이 더 중요해. 서독에서도 분단 직후부터 독일을 중립화해서 서방과 공산권 사이에서 비동맹적인 입장을 취해야 한다고 주장하는 사람들이 있었어. 하지만 그 엄청난 전쟁을 일으킨 독일이 전쟁 직후에 통일을 해서 자주적인 나라가 되길 바라는 주변국가가 어디에 있었겠니? 아데나워 초대 총리가 그 주장을 일축하고 분단 상황을 받아들이면서 원수처럼 싸웠던 프랑스의 드골과 화해하고 미국이 주도하는 나토에 가입하는 등 서방정책으로 서독의 부국강병을 이끌었어. 동방정책도 서독이 확고한 우위를 차지한 상태에서 주변국가에 평화의 메시지를 던지면서 공감을 얻을 수 있었어. 헬무트 콜 수상은 우파임에도 불구하고 동방정책의 기조를 유지했고, 베를린장벽이 붕괴되자 동독에 대폭 양보를 해서 통일을 앞당겼어. 결과적으로 서독은 시기에 따라 적절한 정책을 취한 훌륭한 지도자들이 계속 나오면서 크게 발전하고 통일을 이룰 수 있었다고 생각한단다.

유럽 최강국이 되다

딸 정말 지도자의 역할이 크군요. 하지만 독일이 통일을 한 후 상당히 어려웠다고 들었어요.

아빠 독일이 통일된 후 다소의 어려움을 겪긴 했어. 하지만 불과 10~20년 만에 통일 후유증을 극복하고 유럽에서 최강국으로 떠올랐으니 고통이라고 말하기도 어렵지.

딸 독일이 통일 후유증을 극복하고 유럽에서 최강국이 되었다고요?

아빠 그렇지. 서독이 1990년에 통일을 이룬 후 동독 지역을 지원해야 하는 엄청난 비용으로 인해 마이너스성장까지 기록하기도 했어. 20년 가까이 해마다 국내총생산(GDP)의 4%, 연방 예산의 25~30%를 통일비용으로 지출했고, 지금도 동독 지역에 대한 지원은 계속되고 있어. 통일비용이 애초에 예상했던 것보다 훨씬 많이 들어 서독인들을 힘들게 했고, 동독인들은 직업을 잃고 실업자가 되거나 자본주의사회에 잘 적응하지 못하는 경우가 생겼어. 2000년 무렵까지만 해도 독일 경제는 통일 후 활력을 잃었다고 했어. 서독인들은 동독 출신을 가난하고 게으른 동독인이란 뜻으로 '오씨'라고 불렀고, 동독인들은 거만하고 역겨운 서독인이란 뜻으로 '베씨'라고 부르곤 했어. 그런데 고급 기술과 양질의 노동력 같은 기본기가 잘 갖추어져 있던 독일 경제는 인구 8,000만이 넘는 유럽에서 가장 큰 나라가 되자 이내 저력을 회복했고 2000년대 중반 들어 성장률 3.5%에 전 세계 수출 1위를 탈환하기도 했어. IMF나 세계은행의 통계를 보면 독일의 2017년 국내총생산(GDP)는 3조 5,000억 달러 정도로 세계 4위이자 유럽에서 압도적으로 1위란다. 동독 출신까지 포함한 1인당 국민소득도 4만 5,000달러 가까이 돼서 영국이나 프랑스보다 눈에 띄게 높아졌어.

딸 동독 출신과 서독 출신의 갈등이나 격차도 벌써 다 없어졌어요?

아빠 아직도 격차가 좀 있긴 하지만 상당히 줄어들고 의식도 많이 개선되었대. 1990년경에 동독 주민들의 서독 주민 대비 소득이 35% 정도였는데 2017년경에는 70% 가까이 될 정도로 올라섰고, 동독 출신이 2등 국민으로 느끼는 경향도 거의 사라졌다고 해. 2005년부터 지금까지 독일의 최장수 총리를 하고 있는 앙겔라 메르켈이 동독 출신이라는 점만 보아도 그 분위기를 짐작할 수 있지.

딸 독일인들은 정말 놀랍네요. 우리로 말하자면 북한과 통일

| 독일 연방의회 의사당의 유리 돔 |

한 후 불과 15년 만에 북한 출신 대통령이 나온 것과 같잖아요?

아빠 하하, 약간 차이가 있긴 한데 그런 셈이야. 메르켈은 1954년 서독 함부르크 출신인데, 자유왕래가 되던 시절 목사인 아버지가 고향인 동독으로 이주해서 그곳에서 자랐어. 정치성향도 중도우파로 분류되고 있어. 어쨌든 동독 출신임에도 불구하고 강력한 리더십을 발휘하고, 유럽연합은 물론 세계적으로도 지도자적 역할을 하고 있으니 정말 대단하지. 아빠가 유럽 여행 마지막 일정으로 연방의회 의사당 유리 돔 투어를 신청해 놓았어. 그쪽으로 가서 이번 여행을 마무리할까?

우리도 통일할 수 있을까

딸 아빠, 연방의회 의사당을 밖에서 볼 때는 웅장하고 권위적이었는데, 안에 들어오니 느낌이 많이 달라요. 아래는 국회 회의장, 밖으로는 베를린의 랜드마크가 다 보여요. 곳곳에 있는 독일 국기들이 잘 어울리기도 하고요.

아빠 그래, 아빠는 아래에 내려다보이던 베를린장벽이 허물어질 때 독일인들이 장벽 위에 서 있던 사진이 눈에 선해. 소련군이 적기를 꽂던 허물어진 의사당, 폐허가 된 옛날의 사진과 지금은 깔끔하게 정돈된 베를린 시내의 전경이 대비되면서 여러 감정이 교차돼. 독일은 정말 짧은 기간 동안 기적에 가까운 성취를 이루었구나.

딸 맞아요, 아빠. 정말 부러워요. 우리도 독일처럼 통일을 이루고 잘살 수 있을까요?

아빠 우리는 독일과 환경이나 여건이 많이 다르긴 해. 수치만 봐도 금방 알 수 있어. 통일 당시 서독 인구 6,300만, 동독인구 1,550만 명으로 4:1인데 반해, 우리는 남한 5,100만, 북한 2,500만 명으로 2:1이야. 소득도 동독은 35% 정도 된 데 반해, 북한은 1인당 GDP가 1,000달러 미만으로 우리의 5%에도 미치지 못하는 가장 가난한 나라에 속해. 아빠는 독일 통일 당시를 다룬 영화 〈굿바이 레닌〉을 보고 놀랐어. 동독인들의 생활수준이 꽤 높았고, 공산권인데도 불구하고 심하게 경직된 사회가 아니었어. 그리고 서독과 동독 사이에는 이미 1960년대부터 편지나 전화가 가능했고, 서독인들은 자유롭게, 동독인들은 허가만 받으면 왕래가 가능했어. 심지어 동·서독인들이 상대방의 TV를 거의 그대로 시청했다고 하니 우리가 생각했던 것과는 많이 다르지. 동독인들이 비록 일당독재 체제 아래 비밀경찰의 감시를 받기도 했지만 비교적 개방된 정보를 통해 서독이 얼마나 잘사는지를 알았기 때문에 서독을 선망했다는 거야.

딸 우리는 그럼 독일과 같은 방식으로 통일하기는 어렵겠네요?

아빠 독일의 흡수통일 방식으로 단기간에 북한을 남한과 같은 수준으로 끌어올리기는 쉽지 않겠지. 하지만 독일보다 여건이 나을 수도 있어. 남한의 기술과 북한의 노동력, 지하자원의 결합은 독일보다 훨씬 나은 조합일 수도 있고, 재개발이 손쉬운 북한에 사회간접자본을 투자해 인프라를 구축하는 것 역시 동독보다 수월하다는 게 전문가들의 분석이야.

딸 그럼 우리는 독일처럼 단기간에 흡수통일을 하는 대신 점진적인 통일을 추진해야 하는 건가요?

아빠 꼭 그렇게 단정할 순 없어. 북한에서 동독과 같은 일이 벌어지지 않으라는 법은 없잖아. 준비 없는 통일은 재앙일 수도 있어.

다양한 가능성을 염두에 두고 대비해야지. 그런데 우린 평화를 정착시키는 데도 갈 길이 멀어.

딸 지금 미국의 트럼프 대통령과 북한의 김정은 위원장이 화해하려고 하잖아요?

아빠 그렇지. 철천지원수처럼 굴었던 두 나라 지도자들이 서로 만나고 협상이 진행되는 건 대단한 진전이야. 하지만 쉽사리 낙관할 수는 없어. 한반도를 둘러싼 미국, 중국, 러시아, 일본이 평화의 정착은 바라지만, 상호 견제하면서 정작 분단 상황은 유지되길 바랄 수도 있어. 이를 이겨낼 수 있는 건 남북한 국민들의 강력한 통일 의지뿐이야. 독일은 영국과 프랑스가 명시적으로 통일을 바라지 않았지만 큰 영향을 미치지 못했고, 서독 위주의 흡수통일을 막을 세력인 소련은 자기 앞가림도 힘든 상황이었어. 미국이야 흡수통일을 마다할 이유가 없었기 때문에 독일인들의 통일 열망을 저지할 만한 요인이 적었지. 그런데 우리가 만약 남한 위주의 흡수통일을 하려고 한다면 미국에 우호적인 강력한 나라가 생기는 것을 중국이 껄끄러워하겠지. 점진적인 개방을 유도한다면 북한이 남한보다는 중국으로 동화될 가능성이 높기도 해서 이래저래 쉽지 않아.

딸 결국 남북한이 통일을 강력하게 원하고 적극적인 움직임이 있어야 어려운 상황을 물리치고 통일할 수 있겠네요?

아빠 그렇지. 일단 북한이 어느 정도 개방이 되어서 남한의 경제적·문화적 수준을 접하기만 하면 남한을 선망하고 동경하는 현상은 생길 수밖에 없어. 그리고 독일처럼 남한이 북한을 받아들여줄 수 있는 사회 분위기가 형성되기만 한다면 독일식의 통일도 가능하다고 본다. 하지만 걱정되는 점이 있어. 독일과 달리 남북한은 6·25 전쟁으로 서로 죽고 죽이는 비극을 겪었고, 70년 이상 완전히 단절되어 있었기 때문에 동질성이 점점 희박해지고 있어. 그리고 남한에서의 여론조사만 봐도 통일을 꼭 해야 한다고 생각하는 비율이 점점 떨어지고 있거든. 아빠는 설령 북한이 개방되고 남한의 삶을 동경하는 현상이 생긴다고 하더라도 남한이 북한을 포용할 만한 넉넉함을 갖추지 못하면 북한은 오히려 중국식의 개혁과 개방을 추구하고 중국에 동화될 가능성이 높다고 생각해.

그날을 기다리며

딸 우리가 통일을 하면 잘사는 나라가 될 수 있을까요?

아빠 우리나라는 인구 5,000만을 가지고도 이미 국내총생산(GDP) 기준 세계 11위의 경제규모고, 1인당 GDP도 3만 달러를 넘어서고 있어. 통일해서 8,000만 가까이 되는 인구에 평화롭고 이동이 자유로운 나라가 되면, 그 시너지효과는 대단하지. 공업

| 한반도의 통일 염원을 담은 포츠담 광장에 있는 통일정 |

생산력이 획기적으로 늘어나고, 내수시장도 커지고, 세계 2, 3위의 경제대국 중국과 일본을 이어주는 역할만으로도 상당한 소득을 확보할 수 있어. 그리고 아시아로 진출할 수 있는 지정학적 요충지라서 대단히 발전할 수 있어. 세계 10위 이내의 경제력과 8,000만 명의 인구를 가지면 결코 작은 나라가 아니야. 전문가들은 한국이 통일만 되면 10~20년 내에 세계 7~8위권의 경제대국이 되고, 1인당 국민소득도 지금보다 훨씬 높아질 것으로 전망해. 그리고 최근 아주 설득력 있는 견해 중 하나는, 우리 경제가 구조상 자칫 저성장의 늪에 빠질 수 있고, 심각한 저출산 현상으로 인해 생산력의 저하와 복지의 위기가 올 수 있는데, 그에

대한 가장 확실하고도 유일한 해결책은 통일이라는 거야. 그래서 우리에게 통일은 선택이 아니라 생존의 문제지.

딸 그래도 통일을 하면 후유증도 많고 비용도 많이 들어 어려울 텐데 우리가 잘해낼 수 있을까요?

아빠 독일의 예에서 보았듯이 한동안 어려움이 있겠지. 하지만 학습효과가 있으니깐 우리는 더 잘해낼 수 있어. 우선 평화를 정착시키는 것부터 시작해서 완전한 통일 단계까지 차분히 준비해야지. 무엇보다 열린 시각과 포용력 있는 자세가 필요해. 다소 어려움이 있더라도 극복하고 좀 더 먼 미래를 지향해 결단할 수 있는 용기를 가져야지. 대화와 타협으로 분열과 대립을 극복하고 하나가 되는 연습을 꾸준히 해나가야 해. 이렇게 열린 사회를 지향하는 것이야말로 통일을 대비하는 방법이자 선진국으로 가는 지름길이라고 생각한단다.

딸 아빠, 의사당에서 보는 해질 무렵 베를린의 풍경이 정말 아름다워요. 독일이 과거의 잘못과 아픈 상처가 있었지만, 스스로의 힘으로 극복하고 통일해서 세계의 지도국 위치에 올라서고 있다니 우리가 보기에도 감동스럽고 부럽기 그지없어요.

아빠 이번 여행을 하면서 너희가 지적으로뿐만 아니라 정서적으로도 많이 성장하는 것 같아 아빠도 뿌듯하구나.

아직도 부숴야 할 장벽은 많다

딸 아빠, 이번 여행은 두고두고 잊지 못할 거예요. 가끔 우리가 아빠의 설명을 피곤해하거나 지루해하기도 해서 죄송해요. 하지만 우리도 이렇게 흥미진진했던 적은 없었어요. 장소마다 어마어마한 역사가 서려 있었고, 아빠에게 배우는 세상은 책이나 학교에서 배운 것과는 많이 다르고 정말 피부에 와닿는 것 같아요.

아빠 그렇게 얘기해주니 정말 고맙구나. 아빠 입장에서도 가장 중요한 역사의 현장을 모두 살펴본 알찬 여행이었단다. 프랑스의 혁명, 영국의 민주주의, 독일의 전쟁과 분단 그리고 통일은 주옥 같은 사회과학적 쟁점들이었어. 역사적 사실보다 더 중요한 건 사회와 역사를 보는 시각과 문제의식이란다. 그런 면에서 너희들이 여행을 시작할 때보다 질문의 수준이나 생각의 폭이 확연히 높고 넓어져 기쁘구나.

딸 아빠가 강조한 건 결국 어디에서나 민주주의였잖아요?

아빠 정확히 알고 있구나. 앞에서 여러 역사적 사례를 보았지만 아무리 뛰어난 능력을 가진 사람도 정의로운 철학과 당시의 시대정신을 구현하지 못하면 궁극적인 성공을 거두지 못했잖아. 여러 가지 철학과 이념이 난무했지만 결국 오늘날 유효한 시대정신은 민주주의라는 것을 너희도 깨달았으리라고 생각한다.

딸　정의로운 철학과 시대정신이란 말은 여전히 어려워요.

아빠　정의로운 철학은 인간이라면 마땅히 가져야 할 보편적인 가치를 중시하는 거야. 인간에 대한 연민, 사랑과 애정, 쾌적한 환경과 더불어 사는 삶 같은 것들이지. 시대정신이란 역사적 시기마다 추구해야 할 목표를 달성하기 위한 이념이나 이데올로기란다.

딸　하지만 이념이나 이데올로기를 우선시하는 삶은 불행하다고 하셨잖아요?

아빠　철학 없는 삶을 살아서는 안 되겠지만, 어디까지나 이념은 인간의 행복을 위한 도구에 불과하다는 점을 잊지 말아야 한다. 그것의 앞뒤가 바뀌었을 때 엄청난 비극들이 일어났잖아. 당대의 영웅이 되고자 했던 사람들이 이념의 노예가 되면서 불행한 삶을 산 경우도 여럿 보았고.

딸　아빠가 추구하는 철학과 시대정신은 무엇이에요?

아빠　매우 어려운 질문이구나. 너희가 보기엔 어떤 것 같니?

딸　우리가 보기엔 아빠는 보수주의자인데 스스로는 진보라고 생각하는 것 같아요. 그리고 개인의 행복이 중요하다고 하면서 가족이나 국가와 사회를 더 강조해요.

아빠　하하하, 좀 억울하지만, 맞는 말 같구나. 그건 아빠의 철학이나 이념보다는 성향이 아닐까. 아빠는 기본적으로 진보나 보수로 자신의 입장을 정리하는 게 바람직한지 의문이다. 그리고 전체주의가 옳지 않듯이 개인주의도 옳지 않다고 생각하거든. 아빠에게 굳이 무슨 주의자이냐고 묻는다면, 한 가지 가능한 대답은 '민주주의자'라고는 말할 수 있을 것 같다.

딸　민주주의자라는 말은 그다지 새로울 건 없지만 그래도 중요한 말인 것 같아요. 민주주의를 위해 그 많은 사람들이 피를 흘렸잖아요!

아빠　맞아. 민주주의는 본질적으로 뛰어난 한 사람이 영웅적 능력을 발휘하는 게 아니라 평균적인 사회 구성원들이 생각과 힘을 모아 최선을 추구하는 거야. 물론 더 나은 삶을 살기 위해 개인적으로 열심히 노력해야지. 그 과정에서 자칫 간과하기 쉬운 게 있어. 개인의 행복은 결국 사회적 성취 속에서 가능하다는 것이야. 앞의 역사에서 배웠듯이 커다란 사회적 소용돌이 속에서 그 안의 경쟁에서 이기고 지는 건 아주 작은 차이야. 내가 지금 생각하고 추구하는 것들이 주변에 어떤 영향을 끼칠까, 나의 행동이 사회적 틀 속에서 바람직한가를 늘 생각해보는 습관을 가지면 좋겠구나.

딸　아빠, 이제 집으로 돌아갈 시간이에요. 놀라지 마세요, 우리가 아빠를 위해 준비한 선물이 하나 있어요. 이스트사이드 갤러리에 갔을 때 아빠가 제일 좋아한 그림을 우리가 색연필로 그렸어요.

아빠　아아, 이 그림! 독일어로 Es gilt viele Mauern abzu bauen, 우

| 아이들이 다시 그린 그림 〈아직도 부숴야 할 장벽은 많다〉 |

리말로 아직도 부숴야 할 장벽은 많다는 뜻이잖아! 제목과 발상이 좋고, 귀여운 아이들 6명이 벽돌을 옮기는 그림도 아주 맘에 든다. 그래, 맞아! 여행하면서 정말 많이 배우고 느꼈잖아. 그 많은 어려움을 겪고 야만적인 시절도 극복하면서 세상은 그래도 조금씩 진보했고, 물질적으로는 많이 발전했어. 하지만 아직도 우리에겐 가야할 길이 멀고, 앞에 놓인 부숴야 할 장벽이 여전히 많잖아!

딸 맞아요, 아빠. 이제 돌아가면 또 열심히 공부해야 하잖아요. 우리 앞에 놓인 지옥 같은 경쟁의 장벽부터 부숴버리고 싶어요!

아빠 그래. 아빠도 정말 그것부터 부숴주고 싶다. 하지만 아빠가 그나마 공부라도 열심히 해서 너희들에게 이렇게 재미있는 얘기도 들려줄 수 있잖아. 아빠는 공부가 필요 없다거나 하지 말라는 말은 못 하겠는데…….

딸 아휴 참, 어쨌거나 아빠 덕분에 이번 여행이 즐거웠어요. 아빠가 우리한테 하나라도 더 알려 주려고 엄청 애쓰신 거 알아요. 날마다 혼자 밤늦게까지 책도 읽고, 어디부터 찾아가서 어떤 말을 할까 고민하셨잖아요. 그동안 고생 많이 하셨어요. 고마워요, 아빠. 사랑해요!

참고문헌

갈로, 막스, 『프랑스 대혁명 1, 2』, 민음사, 2013.

네루, 자와할랄, 『세계사 편력』, 일빛, 2004.

데이비스, 케네스, 『미국에 대해 알아야 할 모든 것, 미국사』, 책과함께, 2004.

로젠버그, 에밀리, 엮음, 『하버드 C. H. 베크 세계사 1870~1945』, 민음사, 2018.

린드먼, 앨버트, 『현대 유럽의 역사』, 삼천리, 2017.

마르크스, 카를, 「고타강령 초안 비판」, 『칼 맑스 프리드리히 엥겔스 저작 선집 4』, 박종철출판사, 1997.

__________, 『경제학·철학초고/자본론/공산당선언/철학의 빈곤』, 동서문화사, 2016.

마샬, 팀, 『지리의 힘』, 사이, 2016.

맥그리거, 닐, 『독일사 산책』, 옥당, 2016.

모루아, 앙드레, 『영국사』, 김영사, 2013.

밀, 존 스튜어트, 『자유론』, 현대지성, 2018.

박지향, 『클래식 영국사』, 김영사, 2012.

베버, 막스, 『직업으로서의 정치』, 나남출판, 2007.

__________, 『프로테스탄티즘의 윤리와 자본주의 정신』, 길, 2010.

보르도노브, 조르주, 『나폴레옹 평전』, 열대림, 2008.

슈퇴리히, 한스 요아힘, 『세계철학사』, 자음과모음, 2008.

스나이더, 티머시, 『폭정』, 열린책들, 2017.

아렌트, 한나, 『예루살렘의 아이히만』, 한길사, 2006.

__________, 『혁명론』, 한길사, 2004.

아키라, 이리에, 엮음, 『하버드 C. H. 베크 세계사 1945 이후』, 민음사, 2018.

양돈선, 『기본에 충실한 나라, 독일에서 배운다』, 미래의창, 2017.

유시민, 『거꾸로 읽는 세계사』, 푸른나무, 2000.

__________, 『어떻게 살 것인가』, 생각의길, 2013.

이재승, 『국가범죄』, 앨피, 2010.

존스, 콜린, 『사진과 그림으로 보는 케임브리지 프랑스사』, 시공사, 2001.

주명철, 『다이아몬드 목걸이 사건과 마리 앙투아네트 신화』, 책세상, 2004.

______, 『오늘 만나는 프랑스 혁명』, 소나무, 2013.

진원숙, 『뒤집어 읽는 역사이야기 55』, 야스미디어, 2004.

츠바이크, 슈테판, 『광기와 우연의 역사』, 휴머니스트, 2004.

카, 에드워드, 『역사란 무엇인가』, 까치, 2015.

칸트, 임마누엘, 『순수이성비판 1,2』, 아카넷, 2006.

커민스, 조셉, 『만들어진 역사』, 말글빛냄, 2008.

키친, 마틴, 『사진과 그림으로 보는 케임브리지 독일사』, 시공사, 2001.

토크빌, 알렉시스 드, 『미국의 민주주의 1, 2』, 한길사, 1997.

파월, 자크, 『좋은 전쟁이라는 신화』, 오월의봄, 2017.

해스큐, 마이클, 『드골』, 플래닛미디어, 2012.

홉스봄, 에릭, 『혁명의 시대』, 한길사, 1998.

청소년을 위한 민주주의 여행

초판 1쇄 발행 2019년 1월 23일
초판 10쇄 발행 2024년 8월 26일

지은이 유영근

발행인 이봉주 **단행본사업본부장** 신동해 **편집장** 김경림
디자인 design S **마케팅** 최혜진 이은미 **홍보** 반여진 허지호 송임선
국제업무 김은정 **제작** 정석훈

브랜드 웅진지식하우스
주소 경기도 파주시 회동길 20
문의전화 031-956-7366(편집) 02-3670-1123(마케팅)
홈페이지 www.wjbooks.co.kr
인스타그램 www.instagram.com/woongjin_readers
페이스북 www.facebook.com/woongjinreaders
블로그 blog.naver.com/wj_booking

발행처 ㈜웅진씽크빅
출판등록 1980년 3월 29일 제406-2007-000046호

ISBN 978-89-01-22942-3 (43340)

웅진지식하우스는 ㈜웅진씽크빅 단행본사업본부의 브랜드입니다.